Reichsgerichts-Entscheidungen

in kurzen Auszügen

Strafsachen Band 70

1938
München, Berlin und Leipzig
J. Schweitzer Verlag (Arthur Sellier)

Printed in Germany

Druck von Dr. F. P. Datterer & Cie., Freising-München.

Von dieser Sammlung erschienen folgende Bändchen:

I. Zivilsachen:	Bd.	76—100		je RM.	0.80
	„	101—140		je RM.	1.—
	„	141—152		je RM.	2.—
Serien:	„	76—152	mit 3 Reg. 83-119 120-130 131-140	zus. RM.	81.—
	„	81—152		zus. RM.	77.—
	„	91—152		zus. RM.	70.—
	„	101—152		zus. RM.	62.—
		111—152		zus. RM.	54.—
		121—152		zus. RM.	39.—
	„	131—152		zus. RM.	31.—
Gesamtregister zu	Bd.	83—119		RM.	6.—
Gesamtregister zu	Bd.	120—130		RM.	1.80
Gesamtregister zu	Bd.	131—140		RM.	1.50
II. Strafsachen:	Bd.	45—55		je RM.	0.80
		56—64		je RM.	1.—
	„	65—67		je RM.	2.—

Serie: Bd. 45—70 mit Ges.-Reg. zu Bd. 45—60 zus. RM. 29.—

Gesamtregister zu Band 45—60 RM. 3.70

Jedes Bändchen entspricht einem Bande der amtlichen Sammlung.

1. Raub. Versuch. Rücktritt. (StGB. §§ 43, 46, 251.) Ein Bursche hielt nachts auf der Straße ein Mädchen an, das auf einem Fahrrad ihm entgegen kam, zückte ein Messer gegen sie und rief ihr wiederholt zu: Geld oder Leben! Sie erklärte ihm, daß sie nur 20 Pfennig bei sich habe und bot ihm das Geld an. Er verweigerte die Annahme und ließ sie gehen. Das Landgericht verurteilte wegen versuchten schweren Raubes. Das Reichsgericht verwies die Sache zurück. Zu unrecht war die Prüfung unterlassen worden, ob nicht der Angeklagte von seiner Tat freiwillig und daher mit strafbefreiender Wirkung zurückgetreten war. Das Landgericht hatte keine Feststellungen darüber getroffen, warum der Angeklagte seine Tat nicht zu Ende geführt hatte. Wenn es sich hierzu außerstande sah, weil der Angeklagte die Tat überhaupt leugnete, so hätte es doch untersuchen müssen, welche Auslegungsmöglichkeiten sein Verhalten bot. Es konnte sein, daß der Angeklagte es von Anfang an auf eine größere Summe abgesehen hatte, die Ausführung der beabsichtigten Handlung aber aufgab, weil ihm die paar Pfennige zu wenig waren, als daß er ihretwegen das Mädchen hätte berauben wollen. Dann näherte sich der Fall dem eines fehlgeschlagenen Versuchs. Soweit der Angeklagte von der Wegnahme der 20 Pfennig absah, war sein Entschluß allerdings freiwillig. Damit war aber der Sachverhalt nicht erschöpft. Da sich grundsätzlich die Entscheidung über die Freiwilligkeit des Rücktritts nach den Vorstellungen und dem Willen des Täters richtet, mußte auch die weitergehende ursprüngliche Absicht des Angeklagten, eine größere Geldsumme zu erlangen, berücksichtigt werden; ihr Fortwirken konnte gerade in der Tatsache seinen Ausdruck gefunden haben, daß er den angebotenen Betrag nicht annahm. Diese weitergehende Absicht konnte er dann nur deshalb nicht ausführen, weil das Mädchen nicht mehr besaß. Dann war sein Rücktritt nicht freiwillig. Hatte sich der Angeklagte keine bestimmten Vorstellungen darüber gemacht, wieviel Geld er von dem Mädchen haben wollte, und sich den Entschluß über die vollständige Durchführung seines verbrecherischen Vorhabens noch bis zu dem Augenblick vorbehalten, in dem er sehen würde, was sie bei sich hatte, entschloß er sich aber dann wegen des geringen Betrages, ihr das Geld zu lassen, so konnte nicht von einem Umstand gesprochen werden, der ihn an der Ausführung hinderte und von seinem Willen unabhängig war, mochte er nun dem Mädchen glauben oder nicht glauben, daß es nicht mehr Geld bei sich habe. Denkbar war auch, daß der Angeklagte infolge des Widerstandes des Mädchens glaubte, mehr als die angebotenen 20 Pfennig von ihr keinesfalls zu erhalten. Auch dann war sein Rücktritt nicht freiwillig. Möglich war endlich auch, daß der Angeklagte sein Vorhaben aus anderen Gründen aufgab, etwa, weil ihm das Mädchen leid tat. Wenn das Landgericht keine sichere Überzeugung davon gewinnen konnte, welche Vorstellungen und Absichten den Angeklagten bestimmten, das Geld zurückzuweisen, so hatte es seiner Entscheidung die dem Angeklagten günstigste Möglichkeit zugrunde zu legen. Es war dann aber noch zu prüfen, ob nicht der festgestellte Sachverhalt die Verurteilung aus einem anderen rechtlichen Gesichtspunkt (Nötigung oder Bedrohung) rechtfertigte. (I, 29. November 1935.

Amtl. Sammlg. S. 1—3.

Vgl. Bd. 55 S. 66; Bd. 68 S. 82.

2. **Steuerhinterziehung. Tätige Reue. Straffreiheit. Vorentscheidung. Gesellschaft mit beschränkter Haftung.** (RAbgO. §§ 396, 410, 468; 2. StAmnVO. § 15; 2. Durchf.-VO. z. VolksVerrG. § 22.) Bei Vergehen gegen § 15 der 2. Steueramnestieverordnung (unrichtige Angaben in der Vermögenserklärung 1931) war früher § 410 RAbgO. (Straffreiheit wegen tätiger Reue) unanwendbar. Diese Rechtslage hat sich durch das Gesetz gegen Verrat der deutschen Volkswirtschaft vom 12. Juni 1933 und die Durchführungsverordnung dazu vom 28. Juni 1933 geändert. § 10 VolksVerrG. ermächtigt die zuständigen Reichsminister, Vorschriften zu treffen über tätige Reue hinsichtlich solcher Werte, die nach dem Gesetz nicht anzeigepflichtig sind; § 22 Abs. 2 DurchfVO. erklärt § 410 RAbgO. auch auf Fälle des § 15 der 2. StAVO. für anwendbar. Seit dem Inkrafttreten dieser Verordnung bleibt also ein Verstoß gegen diese Vorschrift auf Grund tätiger Reue auch dann straffrei, wenn es sich um die Verschweigung inländischer, nach dem Volksverratsgesetz nicht anzeigepflichtiger Vermögensstücke handelt. Als dem milderen Gesetz kommt der Durchführungsverordnung

auch dann Bedeutung zu, wenn die Reue schon vor ihrem Inkrafttreten betätigt worden ist. — Die Frage, ob im Strafverfahren gegen die Geschäftsführer einer G.m.b.H., die der Hinterziehung von Steuern für die Gesellschaft beschuldigt sind, eine Entscheidung des Reichsfinanzhofs einzuholen ist, wurde verneint. Die Vorschrift des § 468 RAbgO. ist nur gegen den persönlichen Steuerschuldner anwendbar. Die Steuerpflicht einer G. m. b. H. ist unabhängig von der persönlichen Steuerpflicht der Geschäftsführer. Soweit der Geschäftsführer einer G. m. b. H. wegen Hinterziehung nicht der eigenen, sondern der der Gesellschaft obliegenden Steuern haftbar gemacht wird, ist das Gericht an die Entscheidungen des Reichsfinanzhofs nicht gebunden. Das schließt aber nicht aus, daß es bis zur rechtskräftigen Entscheidung der einschlägigen Fragen durch die Finanzbehörden das Verfahren aussetzt, weil diese Behörden den Gerichten in Steuersachen vorarbeiten sollen. — Ein Steuerpflichtiger, der Vermögensgegenstände mit dem Bewußtsein verschwiegen hat, daß dadurch die Steuer zu niedrig festgesetzt wird, kann sich nicht nachträglich darauf berufen, daß der Wert des verschwiegenen Vermögensstückes durch Abschreibungen, die er hätte machen dürfen, aber nicht gemacht hat, wieder ausgeglichen werde. (V, 2. Dezember 1935.)

Amtl. Sammlg. S. 3—6.

Vgl. Bd. 56 S. 397; Bd. 57 S. 212; Bd. 58 S. 40; Bd. 66 S. 298; Bd. 69 S. 93; JW. 1935 S. 427.

3. Polizeibeamter. Verhörsbeamter. Gesetzesauslegung. Zeuge. (StPO. § 252.) Der Antrag, einen Polizeibeamten über Angaben zu vernehmen, die ihm eine Schwester des Angeklagten gemacht hatte, wurde abgelehnt. Das Reichsgericht erklärte das für unrichtig. Richterliche Verhörsbeamte dürfen über frühere Bekundungen von Personen, die in der Hauptverhandlung ihr Zeugnis mit Recht verweigern, vernommen werden, es sei denn, daß diese bei dem früheren Verhör vorschriftswidrig nicht über das ihnen zustehende Zeugnisverweigerungsrecht belehrt worden waren. Polizeibeamte sind nicht verpflichtet, solche Personen auf ihr Recht der Zeugnisverweigerung hinzuweisen. Diese können also jederzeit über die ihnen gemachten Angaben solcher Personen als Zeugen vernommen werden. Gegenüber dem das

Strafverfahren allgemein beherrschenden Grundsatz der Wahrheitserforschung dürfen Vorschriften, die den Schutz von Einzelpersonen betreffen, nicht ausdehnend ausgelegt werden, wenn dadurch die Erforschung der Wahrheit beeinträchtigt würde. (I, 3. Dezember 1935.)

Amtl. Sammlg. S. 6—7.

Vgl. Bd. 48 S. 246; JW. 1932 S. 419.

4. **Hehlerei. Unterschlagung. Untreue.** (StGB. §§ 246, 259, 266.) D. brachte Sachen, die er gestohlen hatte, zu H. und gab ihm den Auftrag, sie zum Teil für ihn zu verkaufen, zum Teil aufzubewahren. H. verkaufte auch Sachen, die ihm nur zum Aufbewahren übergeben waren, und behielt den Erlös. Er wurde wegen Hehlerei in Tatmehrheit mit Unterschlagung und Untreue verurteilt. Das Reichsgericht brachte die Verurteilung wegen Untreue in Wegfall. Hehlerei hatte der Angeklagte dauernd dadurch begangen, daß er die gestohlenen Sachen an sich gebracht, zum Teil auch zum Absatz bei anderen mitgewirkt hatte. Indem er einen Teil der Sachen für sich verkaufte, eignete er sie sich widerrechtlich an. Darin lag kein Ansichbringen im Sinne des § 259 StGB., weil die tatsächliche Verfügungsgewalt insoweit nicht von dem Vortäter abgeleitet war. Eine Unterschlagung konnte er auch dem Diebe gegenüber begehen. Es handelte sich auch nicht um einen der Fälle, in denen Unterschlagung im Tatbestand der Hehlerei aufging. Untreue lag dagegen nicht vor, weil zwischen D. und H. keine rechtlich geschützten Beziehungen bestanden. Die Vereinbarung zwischen den beiden über die Verwertung der gestohlenen Sachen verstieß gegen die guten Sitten und war darum rechtlich unwirksam Allerdings können auch Beziehungen rein tatsächlicher Art für einen der Beteiligten die Pflicht begründen, die Vermögensinteressen des anderen Teils wahrzunehmen, und die Verletzung dieser Pflicht kann den Tatbestand der Untreue erfüllen; auch ist gegen einen Rechtsbrecher das Strafrecht des Staates selbst dann zu verfolgen, wenn sich auch der Verletzte gegen das Strafgesetz vergangen hat. Wenn z. B. dem Diebe die gestohlene Sache wieder gestohlen wird, fordert die Rechtsordnung, daß auch der zweite Dieb gestraft wird. Seinen tieferen Grund hat das nicht etwa darin, daß man die Belange des ersten Diebes schützen will, sondern darin, daß auch

der zweite Diebstahl sich gegen die allgemeine Rechtsordnung richtet; der durch den ersten Diebstahl geschaffene rechtswidrige Zustand wird insofern verschärft, als die gestohlene Sache dem rechtsmäßigen Besitzer weiter entfremdet wird. Das gleiche Ergebnis tritt ein, wenn dem Diebe die gestohlene Sache unterschlagen wird. Dagegen ist es nicht Aufgabe der Rechtsordnung, darüber zu wachen, daß der Hehler der mit dem Diebe getroffenen Abrede treu bleibt, die gestohlene Sache in einer bestimmten Weise zu verwerten. Andernfalls könnte sogar der Gedanke aufkommen, daß der reuige Hehler, der dem Eigentümer die gestohlene Sache zurückgibt, wegen Untreue bestraft werden müßte. (III, 5. Dezember 1935.)

Amtl. Sammlg. S. 7—10.

Vgl. Bd. 18 S. 303; Bd. 41 S. 265; Bd. 44 S. 230; Bd. 56 S. 335; Bd. 63 S. 406; Bd. 64 S. 326; JW. 1922 S. 295.

5. **Steuerhinterziehung. Widerstand gegen Zwangsvollstreckung.** (StGB. §§ 113, 288.) Eine Pfändung, die wegen rückständiger Steuern durchgeführt werden sollte, wurde gewaltsam verhindert. Die Frage, ob damit auch der Tatbestand einer Steuerhinterziehung erfüllt werde, wurde vom Reichsgericht verneint. Zur Bestrafung eines derartigen Verhaltens sind die Vorschriften des Strafgesetzbuchs gegeben, die bei sachgemäßer Anwendung durchaus genügen, die Belange des Staates und die zur Vollstreckung des Staatswillens berufenen Beamten zu schützen. Zum Begriff der Steuerhinterziehung gehört die Steuerunehrlichkeit, das Verschweigen der Steuerpflicht mit dem Bewußtsein und dem Erfolg, daß die Steuerbehörde über das Bestehen oder die Höhe des Steueranspruchs in Unkenntnis gehalten wird. Im vorliegenden Fall hatte der Angeklagte richtige Steuererklärungen abgegeben. In der Anwendung offener Gewalt liegt keine Steuerunehrlichkeit. (V, 12. Dezember 1935.)

Amtl. Sammlg. S. 10—11.

Vgl. Bd. 60 S. 97, 182, 307; Bd. 61 S. 186; Bd. 63 S. 95.

6. **Amtsunterschlagung. Betrug. Urkundenfälschung. Gebrauchmachen. Tateinheit.** (StGB. §§ 73, 263, 267, 268, 270, 351.) Ein Gerichtsvollzieher, der ein Räumungsurteil zu vollstrecken hatte, zog hiefür drei Ar-

beiter bei, denen er insgesamt 16 RM auszahlte. Er hatte einen Vorschuß von 20 RM erhalten. Um sich einen Gewinn zu verschaffen, ließ er sich von einem der Arbeiter, dem er 6 RM bezahlt hatte, eine Quittung über 12 RM ausstellen und verrechnete im ganzen 22 RM Auslagen; 4 RM behielt er vom Vorschuß und weitere 2 RM wurden ihm ausbezahlt. Die Einbehaltung der 4 RM erfüllte den Tatbestand einer schweren Amtsunterschlagung, die Erlangung der 2 RM den Tatbestand eines damit in Tateinheit stehenden Betrugs. Der Angeklagte hatte durch täuschende Maßnahmen den Kassenführer dazu bestimmt, 2 RM der Kasse der Gerichtsvollzieherei zu entnehmen und ihm zu Eigentum zu übergeben, um so einen vermeintlichen Anspruch des Angeklagten auf Ersatz von Auslagen in dieser Höhe zu erfüllen; dadurch wurde der Staat geschädigt. An den 4 RM hatte der Angeklagte den Gewahrsam ohne jede Straftat erlangt; seine Absicht, sie sich rechtswidrig anzueignen, hatte er dadurch verwirklicht, daß er dem Kassenführer angab, den ganzen Vorschuß, den er in amtlicher Eigenschaft empfangen hatte, verbraucht zu haben. Damit war der Tatbestand der Unterschlagung erfüllt. Ob es noch die gleichen Geldstücke waren, die der Angeklagte als Vorschuß erhalten hatte, machte rechtlich keinen Unterschied; auch wenn er die empfangenen Geldstücke umgewechselt hatte, hatte er die eingewechselten Geldstücke als Vertreter des Staates für diesen, also als dessen Eigentum, und in amtlicher Eigenschaft erhalten. Eine Besonderheit des Falles lag darin, daß die Kundgabe des Zueignungswillens und die darin liegende Zueignungsabsicht zugleich auch eine auf Irreführung des Kassenführers gerichtete Täuschungshandlung enthielt, wie sie an sich dem Tatbestand des Betrugs wesenseigen ist. Gleichwohl blieb die Tat des Angeklagten Unterschlagung. Es gehört zum Begriff der schweren Amtsunterschlagung, daß die vorgesetzte Behörde oder der Prüfungsbeamte getäuscht wird und daß der Täter die Täuschung vornimmt, um sich im Besitz der unterschlagenen Sache zu erhalten oder die Unterschlagung zu ermöglichen. Gelingt die Täuschung nicht, so läßt das die schon vorher vollendete Unterschlagung unberührt; gelingt sie, so kann das die schon vorher verwirklichte Unterschlagung nicht nachträglich zu einen Betrug umwandeln. Der Tat-

bestand der schweren Amtsunterschlagung wird auch erfüllt, wenn ein anderer Beamter als der Täter die Register oder Bücher zu führen hat, zu denen die Belege zu nehmen sind. Zwischen den beiden Straftaten bestand Tateinheit; die strafbaren Betätigungen des einheitlichen Willens fielen hier dergestalt zusammen, daß dieser Teil zeitlich und inhaltlich den Tatbeständen der mehreren verletzten Strafgesetze angehörte — Einer der Arbeiter, die der Angeklagte bei der Räumung beigezogen hatte, war arbeitslos und bezog Krisenunterstützung. Um sie nicht zu verlieren, unterzeichnete er seine Quittung mit einem falschen Namen; der Angeklagte hatte sich damit einverstanden erklärt. Das Landgericht hatte in der Vorlage der Quittung ein Verbrechen gegen § 270 StGB. erblickt. Das erklärte das Reichsgericht für rechtsirrig. § 270 StGB. ist, soweit das Fälschen und Gebrauchen von verschiedenen Personen verwirklicht wird, nur dann anwendbar, wenn der Fälschende und der Gebrauchende nicht einverständlich handeln oder wenn in der Person des Fälschenden oder in seiner Fälschungshandlung irgendein äußeres oder inneres Tatbestandsmerkmal des § 267 StGB. fehlt. Begehen aber mehrere eine Urkundenfälschung in der Art, daß sie von vornherein einverständlich handeln und der eine fälscht, der andere gebraucht, so sind beide einer in Mittäterschaft verübten Urkundenfälschung nach § 267 StGB. schuldig; für die Anwendung des § 270 StGB. ist dann kein Raum mehr. Der vorliegende Fall hat allerdings die Eigenart, daß der Angeklagte kraft seiner Dienstvorschriften die Rechtspflicht hatte, die gefälschte Quittung mit den übrigen Akten an das Amtsgericht weiterzugeben. Diese Rechtspflicht war aber nicht geeignet, der in ihrer Erfüllung geschehenen Vorlegung der Urkunde die Eigenschaft des Gebrauchmachens im Sinne des Gesetzes zu nehmen. Der Angeklagte wäre von Anfang an in der Lage und verpflichtet gewesen, darauf hinzuwirken, daß sich in den Akten, die er vorzulegen hatte, keine gefälschten Urkunden befanden. Daß er diese Amtspflicht verletzte, konnte ihn nicht entlasten, sondern sein Tun nur noch strafwürdiger machen. (IV, 13. Dezember 1935.) Amtl. Sammlg. S. 12—18.
Vgl. Bd. 3 S. 168; Bd. 22 S. 90; Bd. 42 S. 6; Bd. 52 S. 88; Bd. 61 S. 37; Bd. 67 S. 195.

7. Unterdrückung des Personenstandes. Gewinnsüchtige Absicht. Selbstbegünstigung. (StGB. §§ 169, 257.) Ein Mädchen gebar ein Kind, das aus blutschänderischen Verkehr mit ihrem Vater stammte. Vor dem Vormundschaftsgericht erklärte sie, den Vater des Kindes nicht angeben zu können, weil sie während der Empfängniszeit mit mehreren Männern verkehrt habe. Sie verfolgte damit den Zweck, sich und ihren Vater vor der drohenden Freiheitsstrafe und den damit verbundenen Unannehmlichkeiten zu bewahren. Die Verurteilung wegen gewinnsüchtiger Unterdrückung des Personenstandes wurde vom Reichsgericht nicht gebilligt. Die Angeklagte hatte sich nicht nur geweigert, den Vater ihres Kindes zu nennen, sondern durch ihre unwahre Angabe, mit mehreren Männern verkehrt zu haben, das Vormundschaftsgericht von dem wahren Sachverhalt abgelenkt. Darin war eine Unterdrückung des Personenstandes zu finden. Dagegen war das Merkmal der Gewinnsucht nicht nachgewiesen. Allerdings liegt eine gewinnsüchtige Absicht schon dann vor, wenn die Handlung begangen wird, um irgendeinen sachlichen Vorteil zu erlangen. Hier handelte es sich aber um die Sonderfrage, ob der Gesetzgeber bei der Anordnung, daß die in gewinnsüchtiger Absicht begangene Personenstandsfälschungen strenger zu bestrafen sei, auch ein Bestreben des Täters im Auge gehabt haben kann, sich selbst oder einen Angehörigen wegen einer vorausgegangenen Straftat der Bestrafung zu entziehen. Diese Frage war zu verneinen. Nach ständiger Rechtsprechung ist die Selbstbegünstigung straflos, soweit sie nicht den Tatbestand einer anderen strafbaren Handlung erfüllt. Das gleiche gilt für die persönliche Begünstigung eines Angehörigen. Demgemäß darf ein solches Bestreben auch nicht als straferhöhender Umstand angesehen werden, wenn nicht eine eindeutige gesetzliche Vorschrift dazu nötigt. (I, 29. Oktober 1953.) Amtl. Sammlg. S. 18—20.

Vgl. Bd. 36 S. 137; Bd. 41 S. 301.

8. Vereidigung jugendlicher Zeugen. (StPO. §§ 60, 61, JGG. §§ 1, 3.) Mehrere Zeugen im Alter von 16 und 18 Jahren waren entgegen dem Antrag des Verteidigers unbeeidigt vernommen worden; der Staatsanwalt hatte bei einem von ihnen ausdrücklich auf die Vereidigung verzichtet, bei den anderen die Vereidigung in das Ermessen des Gerichts gestellt und allgemein erklärt, daß ihre Aussagen auch ohne Vereidigung glaubhaft seien. In der Sitzungsniederschrift war angegeben, daß die Vereidigung gemäß § 61 Nr. 1 StPO. unterblieben sei. Das erklärte das Reichsgericht für nicht ausreichend. Die Vereidigung von Zeugen, die das 16. Lebensjahr vollendet hatten, konnte schon nach früherem Recht unterbleiben, wenn sie wegen mangelnder Verstandesreife oder wegen Verstandesschwäche keine genügende Vorstellung von dem Wesen und der Bedeutung des Eides hatten. Die Neuregelung gestattet, bei Personen, die zwar das 16., aber nicht das 18. Lebensjahr vollendet haben, nach dem Ermessen des Gerichts von der Vereidigung abzusehen. Die Vollendung des 18. Lebensjahres hat im Strafrecht eine besondere Bedeutung. Ein Jugendlicher zwischen 14 und 18 Jahren, der eine mit Strafe bedrohte Handlung begeht, ist nicht strafbar, wenn er zur Zeit der Tat nach seiner geistigen und sittlichen Entwicklung unfähig war, das Ungesetzliche der Tat einzusehen oder seinen Willen dieser Einsicht gemäß zu bestimmen. Dementsprechend ist auch bei der Beantwortung der Frage, ob Bedenken gegen die Vereidigung eines Zeugen zwischen 16 und 18 Jahren vorliegen, nicht nur seine geistige, sondern auch seine sittliche Entwicklung zu berücksichtigen. Die Entscheidung ist in das Ermessen des Gerichts gestellt, das hiernach zwar nicht willkürlich, aber immerhin freier, als wenn es ein Urteil zu treffen hätte, die gesamte Persönlichkeit des jugendlichen Zeugen in geistiger und sittlicher Hinsicht nach der Richtung zu beurteilen in der Lage ist, ob er von dem Wesen und der Bedeutung des Eides, den er leisten soll, die erforderliche Vorstellung hat. Auch Zweifel können hiernach ausreichen, um von der Vereidigung abzusehen. Ergeben sich bei der Prüfung keine im Rahmen einer Ermessensentscheidung beachtlichen Anhaltspunkte dafür, daß dem Jugendlichen die geistige oder sittliche Reife fehlt, um das Wesen und die Bedeutung des Eides zu erfassen und entsprechend zu handeln, so ist der Zeuge zu vereidigen. Die etwaige Glaubwürdigkeit oder Unglaubwürdigkeit des Jugendlichen kann nur als Anhalt, als Beweisanzeichen bei der Beurteilung des jugendlichen Zeugen bewertet werden. Demgemäß genügt es nicht, wenn die Nichtvereidigung eines jugendlichen Zeugen nur durch den Hinweis auf § 61 Nr. 1 StPO. begründet wird; vielmehr muß die Begründung des Beschlusses zweifelsfrei erkennen lassen, daß die Nichtvereidigung auf einer unzureichenden verstandesmäßigen oder sittlichen Entwicklung des Jugendlichen beruht. Die Beweistatsachen, auf die sich die Beurteilung des Gerichts im einzelnen begründet, brauchen nicht angegeben zu werden; es genügt, ist aber auch erforderlich, daß als Grundlage der Ermessensentscheidung jene Beurteilung der Persönlichkeit des Jugendlichen erkennbar gemacht wird. Das muß auch in der Sitzungsniederschrift zweifelsfrei zum Ausdruck kommen. Auch zum § 61 Nr. 1 StPO. gilt der Grundsatz, daß jeder Zeuge, bei dem keines der nach dieser Sondervorschrift möglichen Bedenken gegeben ist, im Interesse der Wahrheitsforschung vereidigt werden muß, es sei denn, daß nach anderen Vorschriften eine Ausnahme begründet wäre. (I, 15. November 1935.)

Amtl. Sammlg. S. 20—26.
Vgl. Bd. 68 S. 310.

9. **Teilnahme. Anstiftung. Tateinheit. Verbrauch der Strafklage.** (StGB. §§ 48, 49, 73.) S. und G. waren wegen Meineids verurteilt worden, K., der sie durch eine und dieselbe Äußerung zu ihren Taten angestiftet hatte, wegen zweier selbständiger Verbrechen der Anstiftung zum Meineid. Das Reichsgericht hob das Urteil in der Richtung gegen K. auf. Es entsprach allerdings der bisherigen Rechtsprechung des Reichsgerichts. Diese ging von der unselbständigen, von der Haupttat bestimmten Natur der Anstiftung aus und zog daraus die Folgerung, daß bei einer Anstiftung zu mehreren Straftaten auch für die Anstiftung sachliches Zusammentreffen so vieler Straftaten anzunehmen sei, als nach dem Willen des Anstifters verübt werden sollten und verübt worden sind. Hieran hielt das Reichsgericht nicht mehr fest. Der Gedankengang widerstrebt der natürlichen Betrachtungs- und Denkweise, die in der Rechtsprechung des Reichsgerichts im Laufe der Zeit zum Durchbruch gekommen ist. Allerdings bedingt die Regelung der Anstiftung und der Beihilfe im geltenden Recht eine weitgehende Abhängigkeit der Teilnahmehandlungen von der Haupttat oder den Haupttaten, auf die sie sich beziehen. Der Anstifter und der Gehilfe können regelmäßig nur bestraft werden, wenn

sich die Haupttat, zu der sie angestiftet oder Hilfe geleistet haben, als strafbare Handlung darstellt; sie haften nur entsprechend dem Umfang, in dem die Haupttat verwirklicht worden ist; die Strafe für sie ist neben dem Gesetz zu bemessen, das für die Haupttat anzuwenden ist. Eine nicht gerade zwingende, aber naheliegende und dem natürlichen Rechtsgefühl entsprechende Folgerung aus der Abhängigkeit der Teilnahme von der Haupttat geht ferner dahin, daß mehrere gleichartige Teilnahmeformen (Anstiftung oder Beihilfe), die sich auf dieselbe Haupttat beziehen, rechtlich zu einer einheitlichen Anstiftung oder Beihilfe zusammengefaßt werden. Auch die Folgerung ist mit dem natürlichen Rechtsempfinden vereinbar, daß eine einheitliche Anstiftung oder eine einheitliche Beihilfe zu mehreren rechtlich oder sachlich zusammentreffenden Gesetzesverletzungen desselben oder verschiedener Haupttäter rechtlich auch beim Anstifter oder Gehilfen als eine Mehrheit von Gesetzesverletzungen beurteilt wird. Dagegen widerstrebt es der natürlichen Betrachtungsweise, eine einheitliche natürliche Handlung als zwei selbständige Handlungen anzusehen. Dem Gesetzgeber fehlt die Macht, zu bestimmen, daß zwei verschiedene Handlungen dasselbe seien wie eine einzige Handlung; er kann nur anordnen, daß die Folgen dieser beiden wesensverschiedenen Begehungsarten dieselben oder ähnliche sein sollen. Das geltende Recht enthält (von Sondergesetzen abgesehen) keine solche Anordnung. Nach § 73 StGB. ist gegen den, der durch eine und dieselbe Handlung mehrere Strafgesetze verletzt, nur auf eine einheitliche Strafe zu erkennen; dagegen verwirkt nach § 74 StGB. mehrere Strafen, wer durch mehrere selbständige Handlungen mehrere Verbrechen oder Vergehen (oder dasselbe Verbrechen oder Vergehen mehrmals) verübt; diese Strafen sind unter gewissen Voraussetzungen auf eine Gesamtstrafe zurückzuführen. Es ist nicht einzusehen, weshalb diese Vorschriften nicht auch für die Anstiftungs- und Beihilfehandlungen gelten sollen. Die Strafbarkeit dieser Handlungen ist zwar abhängig von der Begehung der Haupttat; wird aber diese begangen, so werden auch sie zu strafbaren Handlungen. Auch vom Standpunkte der Billigkeit aus nicht einzusehen, weshalb die Handlungsweise bei der Teilnahme anders bewertet werden soll als bei der Täterschaft. Den Vorschriften der §§ 73, 74 StGB. liegt unzweifelhaft der Gedanke zugrunde, daß bei sonst gleichen Verhältnissen das Maß der Schuld geringer ist, wenn mehrere Gesetzesverletzungen durch eine einzige Willensbetätigung begangen werden, als wenn das durch mehrere selbständige Willensbetätigungen geschieht. Es ist unbillig, diese mildere Beurteilung nur beim Täter, nicht auch beim Teilnehmer anzuwenden. Diese Auffassung kann allerdings zu dem Ergebnis führen, daß ein Anstifter oder Gehilfe, der durch dieselbe Handlung zu zwei oder mehreren selbständigen Straftaten angestiftet oder Beihilfe geleistet hat, aber nur wegen Anstiftung oder Beihilfe zu einer Straftat verurteilt worden ist, infolge Verbrauchs der Strafklage nicht mehr verfolgt werden kann, wenn sich nachträglich herausstellt, daß sich seine einheitliche Teilnahmehandlung auch noch auf eine weitere Haupttat erstreckt. Allein auch hier gilt für die Teilnahme nichts anderes als für die Täterschaft, die sich in einer Handlung erschöpft. Wer wegen verbotenen Schießens rechtskräftig bestraft ist, kann nicht mehr verfolgt werden, wenn nachträglich ermittelt wird, daß er durch denselben Schuß vorsätzlich einen Menschen getötet hat oder hat töten wollen. Ob nach den heute geltenden Rechtsanschauungen eine Änderung dieser Rechtsprechung geboten ist, oder ob es dem Gesetzgeber überlassen werden muß, eine Änderung herbeizuführen, brauchte nicht geprüft zu werden. Jedenfalls besteht kein Grund, an der Annahme festzuhalten, daß bei der Teilnahme unter Umständen dieselbe Handlung mehreren selbständigen Handlungen gleichzusetzen ist; vielmehr muß angenommen werden, daß bei einer Anstiftung oder Beihilfe zu mehreren Gesetzesverletzungen, die in einer einzigen Handlung besteht, immer rechtliches Zusammentreffen anzunehmen ist, gleichwohl, ob die mehreren Gesetzesverletzungen von einem Haupttäter in Tateinheit oder Tatmehrheit oder von verschiedenen Haupttätern begangen worden sind. (I, 3. Dezember 1935.)

Amtl. Sammlg. S. 26—31.

Vgl. Bd. 4 S. 95; Bd. 5 S. 227; Bd. 8 S. 153; Bd. 11 S. 37, 56; Bd. 38 S. 26; Bd. 51 S. 97; Bd. 54 S. 164; Bd. 57 S. 352; Bd. 62 S. 83.

10. Mißbrauch einer Geisteskranken. (StGB. § 176.) Eine an Schizophrenie leidende Frau war aus der Heilanstalt entlassen und in Familienpflege gegeben worden, wurde aber dort von Ärzten und Pflegern der Heilanstalt regelmäßig besucht. Sie war wegen ihrer Krankheit unfruchtbar gemacht worden. Ein Mann versuchte, sie zum außerehelichen Beischlaf zu verleiten. Wegen versuchten Verbrechens wider die Sittlichkeit verurteilt, bestritt er, daß sie infolge ihrer Krankheit nicht in der Lage gewesen sei, Bedeutung und Folgen des Beischlafs zu erkennen und das Tun als etwas sittlich Verbotenes zu erfassen. Darauf kam es aber nicht an. Die Rechtsprechung hat zwar geistesschwache Frauen und Geisteskranke im Sinne des § 176 Nr. 2 StGB. nur dann gleichgestellt, wenn die Geistesschwäche einen so hohen Grad erreicht hat, daß die Frau infolge ihres Geisteszustandes außerstande ist, zwischen einer dem Sittengesetz entsprechenden und einer ihm widersprechenden Befriedigung des Geschlechtstriebs zu unterscheiden und dem an sie gestellten Verlangen eines außerehelichen Beischlafs mit freier Entschließung zu begegnen. Bei geisteskranken Frauen macht aber das Gesetz einen solchen Unterschied nicht. Der Wille eines Geisteskranken ist stets unbeachtlich, das Einverständnis einer geisteskranken Frau mit einem ihr zugemuteten Geschlechtsverkehr ist also immer bedeutungslos. (I, 13. Dezember 1936.) Amtl. Sammlg. S. 32—33.

Vgl. JW. 1931 S. 58; 1934 S. 905.

11. Betrug. Bedarfsdeckungsschein. (StGB. § 263; VO. vom 20. Juni 1933.) Ein Möbelhändler nahm beim Verkauf von Möbeln Bedarfsdeckungsscheine aus Ehestandsdarlehen an Zahlung an, obwohl er zum Verkauf gegen solche Scheine nicht zugelassen war. Ein anderer Möbelhändler, der zur Annahme von Bedarfsdeckungsscheinen zugelassen war, löste unter seinem Namen die Scheine beim Finanzamt ein, nachdem er auf der Rückseite jedes Scheines bestätigt hatte, daß er Möbel an die Darlehensempfänger verkauft habe. Beide wurden wegen gemeinschaftlich verübten Betrugs verurteilt. Ihre Revision hatte keinen Erfolg. Das Merkmal der Irrtumserregung war ohne weiteres gegeben; die Angeklagten hatten aber auch einen rechtswidrigen Vermögensvorteil erstrebt und das Vermögen des Reiches geschädigt. Das

Finanzamt war nur verpflichtet, solche Bedarfdeckungsscheine einzulösen, die den Vorschriften über die Ehestandsdarlehen entsprachen, insbesondere also nur solche, die der Vorzeigende durch Verkauf von Waren aus seiner zugelassenen Verkaufsstelle erworben hatte. Durch die Bereitstellung von Ehestandsdarlehen sollten Arbeits- und Verdienstmöglichkeiten für bestimmte Kreise der Wirtschaft geschaffen werden. Der Anspruch auf Einlösung der Bedarfsdeckungsscheine ist also an bestimmte Personen gebunden. Zu diesen gehörten im gegebenen Falle die Angeklagten nicht. Bestand aber für das Finanzamt keine Verpflichtung, die Scheine einzulösen, so wurde das Vermögen des Reiches um den Betrag der zur Einlösung verwandten Mittel geschädigt; die Einlösung stellte sich als Zahlung einer Nichtschuld dar. Daran wurde auch dadurch nichts geändert, daß das Finanzamt die Scheine hätte einlösen müssen, wenn sie von zugelassenen Händlern, die sie durch Verkauf von Waren in ihrer Verkaufsstelle erworben hatten, vorgelegt worden wären, und das Reich dadurch, daß es die Scheine einlöste, von seinen Verpflichtungen gegenüber den Empfängern der Ehestandsdarlehen befreit wurde. Die zur Einlösung verwandten Reichsgelder waren zweckgebunden; sie wurden der Verwendung entzogen, für die sie der Gesetzgeber bestimmt hatte. Die Angeklagten waren sich auch der Rechtswidrigkeit des von ihnen erstrebten Vermögensvorteils bewußt, da ihnen bekannt war, daß ihnen kein Anspruch auf die Einlösung der Scheine zustand. (V, 16. Dezember 1935.) Amtl. Sammlg. S. 33—36.
Vgl. Bd. 16 S. 1; Bd. 58 S. 171.

12. **Hehlerei. Pfandscheine.** (StGB. § 259.) Kleiderstoff war gestohlen und versetzt worden. Die Pfandscheine wurden verkauft; der Käufer mußte nach den Umständen annehmen, daß die Stoffe gestohlen waren. Seine Verurteilung wegen Hehlerei wurde bestätigt. Durch den Verkauf und die Übergabe der Pfandscheine hatte sich der Dieb der tatsächlichen Verfügungsmacht über den Stoff völlig entäußert und sie auf den Angeklagten übertragen; dieser hatte damit die Diebesbeute an sich gebracht. Ob er die Pfandscheine einlöste, war belanglos. (III, 17. Dezember 1935.) Amtl. Sammlg. S. 37.
Vgl. Bd. 23 S. 27.

13. Gesellschaft mit beschränkter Haftung. Scheingründung. Bausparvertrag. Mittelbare Täterschaft. (VersAufsG. § 140.) T. gründete eine G. m. b. H. zum Betrieb einer Zwecksparkasse. Er gab allein das nötige Geld, führte auch tatsächlich die Geschäfte. H. war als Geschäftsführer bestellt, unterzeichnete aber, was ihm vorgelegt wurde. M. wandte sich an die Gesellschaft mit dem Ersuchen um ein Darlehen. Der Angestellte S. verhandelte mit ihm. Da sich ergab, daß M. das Darlehen zum Zweck eines Hausbaus haben wollte, fragte S. bei T. an, ob er den Antrag entgegennehmen dürfe. Dieser schlug M. vor, er solle als Zweck des Darlehens die Anschaffung von Möbeln angeben. So wurde dann auch verfahren. H. unterschrieb den Sparvertrag; ob er den wahren Zweck des Darlehens kannte, war nicht festgestellt. T. wurde wegen eines Vergehens gegen § 140 VersAufsG. verurteilt. Seine Revision wurde verworfen. Die G.m.b.H. war durch die Eintragung in das Handelsregister entstanden. Die Gründer und die Organe der Gesellschaft konnten sich ihrer Verantwortung für Handlungen, die sie in dieser Eigenschaft begangen hatten, nicht dadurch entziehen, daß sie erklärten, die Gründung sei nur Schein gewesen, T. sei mit der Gesellschaft identisch gewesen. Das änderte nichts an der Tatsache, daß die Gesellschaft entstanden und daß H. ihr Geschäftsvertreter und damit ihr Willensorgan gewesen war. Demzufolge ließ sich nicht sagen, daß T. den Sparern nicht als Vertreter der G. m. b. H., sondern als Einzelperson gegenüberstand. Er übte als Generalbevollmächtigter des Geschäftsführers H. dessen Befugnisse in der Gesellschaft aus und nahm kraft dieser Vollmacht tatsächlich die Stellung eines Geschäftsführers ein. An ihn hatte sich darum auch der Angestellte S. gewandt, um seine Entscheidung einzuholen, ob die Gesellschaft auf den Antrag eingehen könne. Die Entscheidung, die er traf, war maßgebend für den Abschluß des Sparvertrags; von ihm ging insbesondere die Fassung aus, in der der Darlehenszweck unrichtig angegeben wurde. Trotz dieser unrichtigen Angabe war der Vertrag ein Bausparvertrag; er wurde für eine zum Geschäftsbetrieb als Bausparkasse nicht befugte Unternehmung abgeschlossen. Daß der Angestellte S. die Verhandlungen mit M. zu Ende führte und der Geschäftsführer

H. den Vertrag namens der Gesellschaft unterschrieb, war für die Strafbarkeit des T. belanglos. Er handelte als mittelbarer Täter. Auch wenn H. bösgläubig war, machte sich der Angeklagte nach § 140 Abs. 2 VersAufs.-G. strafbar. (III, 17. Dezember 1935.)

Amtl. Sammlg. S. 37—40.
Vgl. Bd. 69 S. 83; Bd. 123, S. 102; Bd. 124 S. 279; Bd. 127 S. 186; Bd. 142 S. 98.

14. **Steuerstrafverfahren. Nebenbeteiligter. Rechtsmittelfrist.** (RAbgO. §§ 421, 443; StPO. § 431.) Wegen Steuerhinterziehung wurde auf eine Strafe erkannt; zugleich wurde die Einziehung von Waren angeordnet, die dem Angeklagten nicht gehörten. Der Eigentümer der Waren war vorschriftswidrig nicht zur Hauptverhandlung geladen worden. Er legte Revision ein, nachdem ihm das Urteil zugestellt worden war. Das Reichsgericht entschied, daß die Frist für ihn erst mit der Zustellung des Urteils begann. Angesichts der großen Härte, welche die Einziehung für den an der Tat unbeteiligten Eigentümer bedeutet, sprechen Billigkeitsgründe dafür, ihm gegenüber die Frist für die Einlegung eines Rechtsmittels erst von der Zustellung des Urteils an laufen zu lassen, wenn er vorschriftswidrig nicht zur Hauptverhandlung geladen worden ist. (IV, 21. Dezember 1935.)

Amtl. Sammlg. S. 40—41.
Vgl. Bd. 11 S. 414; Bd. 69 S. 38.

15. **Volltrunkenheit. Wahlweise Feststellung. Unfug.** (StGB. §§ 2b, 51, 330a, 360 Nr. 11.) Ein wegen groben Unfugs angeklagter Mann berief sich darauf, daß er zur Zeit der Tat betrunken gewesen sei. Er wurde wegen Übertretung des § 330a StGB. verurteilt. Das Reichsgericht änderte die Entscheidung dahin ab, daß der Angeklagte wegen groben Unfugs zu der gleichen Strafe verurteilt wurde. Die Zuwiderhandlung gegen § 330a StGB. ist auch dann ein Vergehen, wenn die mit Strafe bedrohte Handlung, die der Täter in einem seine Zurechnungsfähigkeit ausschließenden Rausch begangen hat, eine Übertretung ist. Zwar darf die Strafe nach Art und Maß nicht schwerer sein als die für die vorsätzliche Begehung der Handlung angedrohte Strafe; damit wird aber nicht die Eigenschaft der Zuwiderhandlung als eines Vergehens beeinflußt. Die Revision gegen das Urteil des Landge-

richts ging demgemäß an das Reichsgericht. Das Landgericht hatte festgestellt, daß der Rausch des Angeklagten seine Zurechnungsfähigkeit erheblich verminderte, daß aber zweifelhaft blieb, ob sie ausgeschlossen war. Vom Standpunkt der früheren Rechtsprechung aus hätte hiernach der Angeklagte freigesprochen werden müssen; zum Tatbestand des § 330 a gehört ein die Zurechnungsfähigkeit ausschließender Rausch. Anderseits hätte der Angeklagte wegen groben Unfugs nur verurteilt werden dürfen, wenn feststand, daß kein die Zurechnungsfähigkeit ausschließender Rausch vorlag. Die nach § 2 b StGB. mögliche wahlweise Feststellung ist aber auch bei Taten zulässig, die vor dem Erlaß dieser Vorschrift begangen worden sind. Das Landgericht hätte also zum Ausdruck bringen müssen, daß der Angeklagte entweder eines groben Unfugs oder eines Vergehens gegen § 330 a StGB. schuldig sei. Eine solche wahlweise Feststellung ergab sich aber aus dem Urteil, wenn sie auch nicht ausdrücklich getroffen war, ohne weiteres. Der Angeklagte war hiernach aus § 360 Nr. 11 StGB. zu bestrafen, da diese Vorschrift das mildeste Gesetz bildet. (VI, 21. Dezember 1935.)

Amtl. Sammlg. S. 42—45.

Vgl. Bd. 3 S. 432; Bd. 5 S. 26; Bd. 39 S. 159; Bd. 42 S. 398; Bd. 69 S. 369.

16. Betrug. Verschweigen. Bank. Aufklärungspflicht. (StGB. § 263.) Einer Kommanditgesellschaft, die ein Bankgeschäft betrieb, wurde der Auftrag erteilt, bestimmte Aktien zu erwerben. Sie stellte Abrechnung, als ob sie den Auftrag ausgeführt hätte, und buchte den Kaufpreis von dem Guthaben des Kunden ab; die Aktien schrieb sie ihm nur auf Stückekonto zu. Nach ihren Geschäftsbedingungen war sie in solchen Fällen berechtigt, ohne Anschaffung der Stücke über sie abzurechnen, und nur verpflichtet, auf Anfordern Stücke von gleicher Art und Zahl zu liefern. Ehe es zur Lieferung kam, brach die Bank zusammen. Der Prokurist der Gesellschaft, der zugleich der Sohn des persönlich haftenden Gesellschafters war, wurde wegen Betrugs verurteilt. Seine Revision hatte keinen Erfolg. Die Täuschung hatte das Landgericht mit Recht darin gefunden, daß der Angeklagte pflichtwidrig den Kunden nicht darüber aufklärte, daß ihm nur ein Forderungsrecht auf Lieferung entsprechender Stücke verschafft werden sollte.

Das Bankgeschäft ist in ganz besonderem Maße Vertrauensgeschäft; mehr als im sonstigen Geschäftsleben ist im Bankgeschäft der Kunde darauf angewiesen, daß die Bank nicht nur ihre eigenen, sondern auch die Belange des Kunden berücksichtigt, ihn nach bestem Wissen berät und ihn insbesondere da aufklärt, wo es nötig ist, ihn vor Schaden zu bewahren. Im vorliegenden Falle kam dazu, daß die Bank, wie dem Angeklagten bekannt war, sich in einer sehr schlechten Vermögenslage befand. Gesunde Volksanschauung, gute Geschäftssitte, Treu und Glauben legen unter derartigen Umständen der Bank eine Pflicht auf, den Kunden über solche Gefahren ausdrücklich im Einzelfalle aufzuklären oder das Geschäft in einer Weise auszuführen, die einen Schaden für den Kunden nach Möglichkeit ausschließt. Diese Pflicht ist eine Rechtspflicht. Eine Bank, die entgegen dieser Pflicht schweigt, täuscht den Kunden durch Unterdrückung einer wahren Tatsache. Die Aufklärungspflicht lag dem Angeklagten als Prokuristen der Gesellschaft ob; auch eine entgegenstehende Anweisung seines Vaters konnte ihn nicht davon befreien. Ein Vermögensschaden für den Kunden lag darin, daß dieser ohne die erschlichene Stundung aller Wahrscheinlichkeit nach sein Geld voll erhalten hätte. (III, 23. Dezember 1935.) Amtl. Sammlg. S. 45—48.

17. **Fahrlässige Tötung. Kraftfahrzeugverkehr. Blendsekunde.** (StGB. § 222; StrVerkO. § 26.) Der Halter eines Kraftwagens fuhr mit diesem nachts mit einer Geschwindigkeit von 40—50 Kilometer durch eine breite, übersichtliche und unbelebte Straße. Er hielt hierbei nicht die äußerste rechte Seite der Straße ein. Plötzlich sah er auf eine Entfernung von etwa 5 Meter, und zwar einen Meter links vor seinem Wagen, einen in derselben Richtung fahrenden Radfahrer, der in diesem Augenblick eine Wendung nach rechts machte, um an die rechte Straßenseite heranzufahren. Der Versuch, mit scharfer Wendung nach rechts auszuweichen, mißlang. Der Radfahrer wurde von dem Wagen erfaßt, zu Boden geschleudert und erlitt einen Schädelbruch, an dessen Folgen er verstarb. Die Strafkammer sprach den Angeklagten frei, weil er nicht damit habe rechnen können, daß mitten auf der Straße, noch links von ihm, ein Radfahrer sich befinde, sich vielmehr darauf habe verlassen dürfen, daß

solche langsame Wegebenutzer ganz rechts führen. Das Reichsgericht verwies die Sache zurück. Eine rechtliche Vorschrift oder eine Verkehrssitte, daß Radfahrer oder andere langsame Wegebenutzer sich auf der äußersten rechten Straßenseite halten müssen, besteht nicht. Nur auf unübersichtlichen Strecken muß jeder Verkehrsteilnehmer, somit auch jeder Radfahrer, die äußerste rechte Straßenseite einhalten. Diese Voraussetzung traf hier nicht zu. Der Eingeholte hat dem schnelleren Verkehrsteilnehmer durch Einhalten der äußersten rechten Straßenseite das Überholen zu ermöglichen. Der Radfahrer handelte also richtig, wenn er sich anschickte, die äußerste rechte Straßenseite zu gewinnen, als sich ihm der Angeklagte von hinten näherte. Der Angeklagte hätte ihn links überholen können und müssen. Das Landgericht nahm an, daß der Angeklagte den Radfahrer erst bemerkt habe, als der Zusammenstoß nicht mehr zu verhindern war, und daß er seinen Wagen nur deshalb nach rechts gesteuert habe, um den letzten Versuch zu machen, den Zusammenstoß zu vermeiden. Hiernach war entscheidend, ob der Angeklagte aus Fahrlässigkeit den Radfahrer erst in einem Abstand von 5 Metern bemerkte. Aus den Feststellungen des Landgerichts ließ sich nicht entnehmen, daß die Sicht aus irgendwelchem Grunde beeinträchtigt war. Solche Umstände hätten den Angeklagten auch nicht entlasten können; er hätte dann vielmehr seine Fahrgeschwindigkeit so herabsetzen müssen, daß seine Bremsstrecke nicht größer war als die übersichtliche Strecke der Fahrbahn. Das Urteil ging davon aus, daß der Angeklagte durch die Scheinwerfer eines entgegenkommenden Omnibusses geblendet worden sei; es fehlte eine Feststellung, wo die Begegnung mit dem Omnibus stattfand, und in welcher Entfernung von der Unfallstrecke die Blendwirkung eintrat. Das war aber für die Frage, ob der Angeklagte aus Fahrlässigkeit den Radfahrer nicht eher bemerkte, von ausschlaggebender Bedeutung. War die Blendwirkung in einer größeren Entfernung von dem Radfahrer eingetreten, so hatte der Angeklagte den Zusammenstoß dadurch verschuldet, daß er nicht sofort nach dem Auftreten der Blendung seine Fahrgeschwindigkeit so herabminderte, daß er seinen Wagen noch auf der kürzesten für ihn übersehbaren Strecke zum Halten bringen konnte.

Machte es ihm die Blendung unmöglich, Hindernisse in seiner Fahrbahn zu erkennen, so mußte er den Wagen sofort anhalten, soweit das ohne Gefährdung anderer Verkehrsteilnehmer, die hinter ihm fuhren, möglich war. Trat aber die Blendwirkung erst in 5 Meter Abstand von dem Radfahrer auf, so blieb ungeklärt, warum der Angeklagte den Radfahrer, der doch von den Scheinwerfern des Wagens des Angeklagten und vielleicht auch von jenen des Omnibus belichtet war, nicht zu einer Zeit bemerkte, zu der er noch in der Lage war, seine Fahrweise so einzurichten, daß der Radfahrer durch ihn nicht gefährdet wurde. Es blieb also die Möglichkeit offen, daß der Angeklagte den Radfahrer infolge ungenügender Aufmerksamkeit erst zu spät bemerkte. Wenn zwei mit abgeblendeten Scheinwerfern fahrende Kraftwagen einander kreuzen, tritt zwar eine sogenannte Blendesekunde ein, weil sich die Lichtstrahlen zeitweise gegenseitig aufheben. Dieser Gefahrenzustand ist im allgemeinen jedem geübten Kraftfahrer bekannt. Er muß deshalb, um nicht Leben und Gesundheit anderer Menschen zu gefährden, schon vor dem Eintritt dieses Zustandes geeignete Vorkehrungen treffen, und zum mindesten die Fahrgeschwindigkeit soweit ermäßigen, daß ihm die Möglichkeit gewahrt bleibt, rechtzeitig vor einem Hindernis anzuhalten, das ihm erst nach Ablauf der Blendsekunde sichtbar wird. (II, 9. Januar 1936.) Amtl. Sammlg. S. 48—51.

Vgl. JW. 1934 S. 1656.

18. **Amtsunterschlagung. Untreue. Fortsetzungstat. Verbot der Schlechterstellung.** (StGB. §§ 73, 266, 351; StPO. §§ 331, 358.) Ein preußischer Gemeindevorsteher hatte in mehreren Fällen Gelder unterschlagen, die er in amtlicher Eigenschaft in Empfang genommen hatte. Er wurde wegen schwerer Amtsunterschlagung verurteilt. Das Reichsgericht hob das Urteil auf. Das Landgericht hatte die Annahme des Fortsetzungszusammenhangs nur damit begründet, daß der Vorsatz des Angeklagten den gesamten Erfolg umfaßt habe und daß die Einzelhandlungen gegen dasselbe Rechtsgut, das Vermögen, gerichtet gewesen seien. Das erklärte das Reichsgericht für ungenügend. Fortsetzungszusammenhang kann zwar auch vorliegen, wenn sich die Tat gegen das Vermögen verschiedener natürlicher oder juristischer Personen richtet; der

Gesamtvorsatz ist aber wohl von dem allgemeinen Entschluß zu unterscheiden, ein bestimmtes Verhältnis von längerer Dauer bei sich bietender Gelegenheit zur Begehung gleichartiger Straftaten zu benutzen. Obwohl nur der Angeklagte Revision eingelegt hatte, war auch zu prüfen, ob sich das Landgericht nicht zu seinen Gunsten geirrt hatte. Wenn das zutraf, war das Landgericht nicht nur berechtigt, sondern verpflichtet, ohne jede Rücksicht auf den früheren Strafausspruch eine dem Ergebnis der neuen Verhandlung entsprechende Strafe zu bestimmen. Durch die neuen Vorschriften ist das Verbot der Schlechterstellung des Angeklagten mit der Wirkung beseitigt, daß das Gericht die Strafe wie in jedem anderen Falle ausschließlich nach dem Ergebnis der Verhandlung zu bestimmen hat, auf die das Urteil ergeht. Die Sache wurde zurückverwiesen zum Zweck der Prüfung, ob der Angeklagte nicht in Tateinheit mit der schweren Amtsunterschlagung auch eine Untreue, vielleicht in einem besonders schweren Falle, begangen hatte. (III, 13. Januar 1936.) Amtl. Sammlg. S. 51—53.

Vgl. Bd. 51 S. 305; Bd. 55 S. 129; Bd. 66 S. 236.

19. Amtsunterschlagung. Untreue. Verbot der Schlechterstellung. (StGB. §§ 73, 265, 266, 350, 351; StPO. § 358.) In die selbsttätigen Gasmesser und Stromzähler einer Stadt war eine Vorrichtung für den Einwurf von Münzen eingebaut, die von den städtischen Werken hergestellt wurden; für eine Münze konnte ein Kubikmeter Gas oder eine Kilowattstunde elektrischer Strom bezogen werden. Die eingeworfenen Münzen sammelten sich in einem Behälter, der unter amtlichem Verschluß stand. Städtische Beamte hatten alle acht Wochen die Behälter zu öffnen und zu entleeren, hierbei auch den Stand der Gasmesser und Stromzähler abzulesen, die Ergebnisse in die für die Kunden angelegten Kontoblätter einzutragen und den Verbrauch von Gas und Strom zu errechnen. Die aus den Behältern entnommenen Münzen hatten sie bei den städtischen Werken abzuliefern, durften sie aber auch an die Gas- und Strombezieher wieder verkaufen. Ein Beamter verkaufte in der Zeit vom Oktober 1934 bis Juni 1935 solche Münzen im Wert von mehr als 900 *RM*, die er in amtlicher Eigenschaft den Behältern entnommen hatte, an die Kunden und behielt den Erlös für sich. Um dieses Vergehen zu verdecken, trug er jeweils in die Kontoblätter einen geringeren Stand der Messer und Zähler ein und errechnete einen geringeren Verbrauch von Gas und Strom. Im Juni 1935 erhielt er von der Kasse der städtischen Werke Münzen im Gesamtwerte von 350 RM, um damit die Verkaufsstellen zu beliefern; auch diese Münzen verkaufte er für sich selbst. Er wurde wegen fortgesetzter schwerer Amtsunterschlagung zu einer Gefängnisstrafe verurteilt. Seine Revision führte zur Zurückverweisung der Sache, obwohl zu einer Änderung des Urteils zu seinen Gunsten kein Grund gefunden wurde. Der Vorschrift, daß ein Urteil zum Nachteil des Angeklagten auch dann geändert werden kann, wenn nur er oder sein gesetzlicher Vertreter oder zu seinen Gunsten die Staatsanwaltschaft es angefochten hat, kommt besondere Bedeutung für den Fall zu, daß das Untergericht nach dem festgestellten Sachverhalt ein strengeres Gesetz oder neben dem angewendeten Gesetz noch ein weiteres Gesetz hätte anwenden müssen. Das traf hier zu. Der Angeklagte hatte kraft behördlichen Auftrags die Befugnis, über fremdes Vermögen zu verfügen, und die Pflicht, fremde Vermögensinteressen, nämlich solche der Stadt, wahrzunehmen; er war nicht nur zum Einsammeln der Münzen und zum Ablesen des Messer- und Zählerstandes sowie zu den entsprechenden Buchungen, sondern auch dazu ermächtigt und verpflichtet, die Münzen für Rechnung der städtischen Werke wieder zu verkaufen. Er hatte diese Befugnis mißbraucht und diese Pflicht verletzt und dadurch der Stadt Nachteile zugefügt, also außer dem Tatbestand der schweren Amtsunterschlagung nach §§ 350, 351 StGB. auch jenen der Untreue nach § 266 StGB. verwirklicht. In § 266 StGB. ist aber neben der Gefängnisstrafe auch Geldstrafe, und zwar zwingend, angedroht; in besonders schweren Fällen tritt an die Stelle der Gefängnisstrafe Zuchthausstrafe. § 266 StGB. ist also im Verhältnis zu § 351 StGB. das strengere Gesetz und hätte nach § 73 StGB. angewendet werden müssen. Die Vorschrift, daß das Revisionsgericht in solchen Fällen das Urteil zuungunsten des Angeklagten abändern kann, ist dahin auszulegen, daß es verpflichtet ist, diese Änderungen herbeizuführen, sei es durch eine auf Grund des festgestellten Sachverhalts vorzunehmende Berichtigung, sei es durch Aufhebung des Urteils und Zurückverweisung der Sache. Die Vorschrift bezweckt, in allen Fällen, in denen die Entscheidung des Revisionsgerichts angerufen wird, der wahren Gerechtigkeit zum Siege zu verhelfen, gleichviel, ob die Revision zugunsten oder zuungunsten des Angeklagten eingelegt ist und ob das Untergericht zugunsten oder zuungunsten des Angeklagten geirrt hat. Anderseits ist von einer Änderung des Urteils abzusehen, wenn es trotz eines aus ihm erkennbaren Rechtsfehlers der wahren Gerechtigkeit und dem gesunden Volksempfinden entspricht. Wenn der Angeklagte wegen eines aus zahlreichen Einzelfällen bestehenden fortgesetzten Betrugs zu einer Strafe verurteilt worden ist und das Revisionsgericht findet, daß ein weiterer, vom Fortsetzungszusammenhang erfaßter, aber verhältnismäßig geringfügiger Betrugsfall bei der Urteilsfindung nicht berücksichtigt worden ist, würde es eine ungesunde Formstrenge und eine nicht zu rechtfertigende Verzögerung der Strafrechtspflege bedeuten, das Urteil aufzuheben und die Sache zu neuer Verhandlung und Entscheidung zurückzuverweisen mit dem zu erwartenden Ergebnis, daß der Tatrichter doch nur dieselbe Strafe wieder aussprechen würde. Diese Annahme ist nur die Umkehrung der vom Reichsgericht seit jeher anerkannten Auffassung, daß der Angeklagte nicht beschwert und eine Aufhebung des Urteils nicht geboten ist, wenn das Revisionsgericht in einem solchen Fall eine im Verhältnis zur gesamten Straftat unerhebliche Einzeltat verneint und überzeugt ist, daß der Tatrichter die Strafe nicht herabsetzen würde. Entsprechendes muß gelten, wenn ein weiterer rechtlicher Gesichtspunkt von untergeordneter Bedeutung im angefochtenen Urteil nicht berücksichtigt oder überhaupt nicht erörtert worden ist, so etwa, wenn der Angeklagte nach den Feststellungen des Urteils durch zu schnelles Fahren fahrlässig den Tod eines Menschen verursacht hat, aber nur der fahrlässigen Tötung, nicht auch einer Übertretung der Straßenverkehrsordnung schuldig erkannt worden ist. Ein solcher Fall lag aber hier nicht vor. Hätte das Landgericht erkannt, daß neben der schweren Amtsunterschlagung auch Untreue in Betracht komme, so hätte es die Strafe dem § 266 StGB. entnehmen und neben der Freiheitstrafe auf Geldstrafe erkennen müssen; namentlich aber hätte es prüfen

müssen, ob nicht ein besonders schwerer Fall der Untreue anzunehmen und darum auf Zuchthausstrafe zu erkennen war. Ein besonders schwerer Fall der Untreue ist zwar nicht immer schon dann anzunehmen, wenn der Tatbestand der schweren Amtsunterschlagung erfüllt ist; es war aber nach Lage der Sache geboten, zu prüfen, ob nicht durch die Tat das Wohl des Volkes geschädigt worden war. Das Reichsgericht berichtigte demgemäß das Urteil dahin, daß der Angeklagte eines fortgesetzten Verbrechens der schweren Amtsunterschlagung in Tateinheit mit einem fortgesetzten Vergehen der Untreue schuldig befunden wurde. Die Vorschrift des § 265 StPO. stand der Berichtigung nicht entgegen, da der Angeklagte den festgestellten Sachverhalt unumwunden zugegeben hatte und dieser die Merkmale des Tatbestandes des § 266 StGB. ohne weiteres erkennen ließ. Ein Vergehen bleibt die Untreue auch dann, wenn ein besonders schwerer Fall vorliegt. Im Strafausspruch wurde das Urteil aufgehoben und die Sache zu neuer Prüfung zurückverwiesen. (I, 17. Dezember 1935.) Amtl. Sammlg. S. 53—58.
Vgl. Bd. 69 S. 333, 340.

20. Diebstahl. Gewaltanwendung. Tateinheit. Gesetzeseinheit. Schlechterstellung. (StGB. §§ 73, 240, 242, 243, 244, 245 a, 252; StPO. § 358.) Der Eröffnungsbeschluß legte dem Angeklagten verbotenen Besitz von Diebeswerkzeug, schweren Diebstahl im Rückfall und Gewaltanwendung, um sich im Besitz des gestohlenen Gutes zu erhalten, zur Last. Das Urteil sprach ihn nur wegen des Besitzes von Diebeswerkzeug und wegen Diebstahls im Rückfall schuldig; in den Gründen war ausgeführt, daß eine Verurteilung wegen Gewaltanwendung nicht habe stattfinden können, weil nicht festzustellen war, daß der Angeklagte die Gewaltanwendung verübt habe, um sich im Besitz des gestohlenen Gutes zu erhalten, daß aber die verübte Gewalt strafschärfend berücksichtigt worden sei. Das Reichsgericht erklärte die richterliche Behandlung der Sache für nicht ganz richtig, lehnte aber eine Änderung des Urteils ab. Der Diebstahl und die vom Diebe verübte Gewaltanwendung, um sich im Besitz des gestohlenen Gutes zu erhalten, sind nicht zwei verschiedene strafbare Handlungen, sondern nur eine Handlung, wobei dahingestellt bleiben kann, ob zwischen dem Diebstahl und der Gewaltanwendung Gesetzeseinheit oder Tateinheit vorliegt. Da das Landgericht nicht die Absicht, sich im Besitz des gestohlenen Gutes zu erhalten, feststellen konnte, vielmehr annahm, daß die Gewaltanwendung nur den Zweck hatte, zu verhüten, daß die angegriffene Person Licht mache und so den Dieb erkenne, konnte es den Angeklagten nicht nach § 252 StGB. bestrafen; es hätte aber prüfen müssen, ob der Angeklagte nicht wegen Nötigung zu bestrafen sei. Es fragte sich, ob das Urteil dementsprechend abzuändern sei. Bei der Beurteilung von Rechtsfragen war das Revisionsgericht schon bisher nicht zugunsten des Angeklagten gebunden; nur das Strafmaß durfte auf eine zugunsten des Angeklagten eingelegte Revision nicht erhöht werden. Diese Schranke ist nunmehr beseitigt worden. Daraus folgt aber nicht, daß das Revisionsgericht nunmehr jeden Rechtsfehler berichtigen müßte, der sich in einem angefochtenen Urteil findet. Schon bisher hat das Reichsgericht daran festgehalten, daß eine nur zugunsten des Angeklagten angefochtene Entscheidung in den Punkten, in denen der Angeklagte nicht beschwert sein konnte, nicht nachgeprüft und geändert zu werden brauchte. Diese Rechtsprechung war zwar durch keine gesetzliche Vorschrift unmittelbar gestattet, aber sie war zweckmäßig. Die neue Vorschrift bezweckt, dem Richter die Möglichkeit zu geben, ein Urteil zu fällen, das wahrer Gerechtigkeit entspricht. Demgemäß darf das Revisionsgericht keinen Fehler eines angefochtenen Urteils bestehen lassen, durch den der Angeklagte beschwert sein könnte. Auch ein Fehler, der den Angeklagten nicht beschwert, muß beseitigt werden, wenn die Möglichkeit besteht, daß der Tatrichter bei fehlerfreier Beurteilung eine strengere Strafe festgesetzt hätte. Anderseits liegt aber der beherrschende Zweck jedes Strafverfahrens darin, die strafbare Tat ohne Verzug und auf gesetzlicher Grundlage nach gesundem Volksempfinden gerecht zu ahnden; diesem Zweck würde es nicht entsprechen, durch Aufhebung eines angefochtenen Urteils und Zurückverweisung der Sache an den Tatrichter ein Strafverfahren nur deshalb in die Länge zu ziehen, weil noch diese oder jene gesetzliche Vorschrift zuungunsten des Angeklagten anzuwenden wäre, ohne daß sich dabei an dem Gesamtergebnis des Strafverfahrens, soweit die Höhe der

Strafe in Betracht kommt, oder an den künftig möglichen Nachwirkungen der Verurteilung etwas ändern würde. Im vorliegenden Falle stand keine fehlerhafte Anwendung eines Strafgesetzes in Frage; anderseits hatte das Landgericht das gewaltsame Vorgehen des Angeklagten schon bei der Strafzumessung berücksichtigt. Es war nicht anzunehmen, daß es bei rechtlich zutreffender Beurteilung der Tat den Diebstahl und die Nötigung strenger bestraft hätte als den durch die nachfolgende Gewaltanwendung erschwerten Diebstahl. Daß der Angeklagte nicht ausdrücklich wegen Nötigung verurteilt wurde, konnte weder für ein künftiges Strafverfahren eine irgendwie erhebliche Bedeutung gewinnen, noch ein anderes öffentliches Interesse erkennbar beeinträchtigen. (I, 17. Dezember 1935.) Amtl. Sammlg. S. 58—64.

Vgl. Bd. 57 S. 303, Bd. 60 S. 380.

21. **Abtrennung des Verfahrens. Beurlaubung.** (StPO. §§ 230, 231, 232, 233, 261, 338.) Gegen mehrere Personen wurde ein Verfahren wegen Abtreibung eröffnet. Die Straftaten standen unter sich nur in einem äußeren Zusammenhang, der dadurch hergestellt wurde, daß eine Angeklagte auch die anderen beschuldigt hatte, und daß darum das Verfahren auf diese ausgedehnt worden war. Der Vorsitzende des Schwurgerichts verfügte die Vorführung eines Teils der Angeklagten auf vormittags 8½ Uhr, die Vorführung der anderen Angeklagten auf nachmittags 3 Uhr; in gleicher Weise wurden auch die Verteidiger und die Zeugen gesondert geladen. Am Schluß der am Vormittag geführten Verhandlung wurde den Angeklagten eröffnet, daß sie erst am folgenden Tag vormittags 8½ Uhr wieder zu erscheinen hätten. Zu diesem Zeitpunkt waren alle Angeklagten anwesend; die Verhandlung wurde zu Ende geführt und das Urteil verkündet. Ein Angeklagter legte Revision ein mit der Begründung, daß die Erklärung des Vorsitzenden am Schluß der ersten Verhandlung und die Fortsetzung der Verhandlung am Nachmittag in Abwesenheit der am Vormittag verhandelten Angeklagten eine unzulässige Beurlaubung dieser Angeklagten für einen Teil der Hauptverhandlung bedeutet habe. Das Rechtsmittel hatte keinen Erfolg. Strafsachen, die zu gemeinsamer Verhandlung miteinander verbunden sind, können grundsätzlich jederzeit getrennt

und später wieder miteinander verbunden werden, sofern nur mit der Abtrennung und Wiederverbindung kein unzulässiger Zweck verfolgt wird. Wird von mehreren verbundenen Strafsachen gegen verschiedene Angeklagte ein Teil in zulässiger Weise abgetrennt und hinsichtlich des anderen Teils die Verhandlung fortgesetzt, so ist diese fortgesetzte Verhandlung keine Verhandlung gegen die Angeklagten, deren Strafsachen abgetrennt worden waren. Das hat zur Folge, daß bei der Urteilsfindung gegen diese Angeklagten die Ergebnisse der Verhandlung, die nur gegen die anderen Angeklagten geführt worden ist, nicht verwertet werden dürfen, auch wenn später eine Wiederverbindung stattgefunden hat. Die Beurlaubung eines Angeklagten während eines Teils der auch gegen ihn fortgeführten Verhandlung ist unzulässig und bildet einen unbedingten Revisionsgrund nach § 338 Nr. 5 StPO. Im vorliegenden Falle hatte eine Abtrennung und Wiederverbindung stattgefunden. In jedem Verhandlungsabschnitt wurden nur die Teile des Eröffnungsbeschlusses verlesen, die sich auf die geladenen Angeklagten bezogen. Die Erklärung, die der Vorsitzende am Schluß der ersten Verhandlung abgab, konnte bei der gegebenen Sachlage nur dahin verstanden werden, daß die Verhandlung am Nachmittag nur gegen die anderen Angeklagten stattfinden, und eine Verwertung der Ergebnisse dieser Verhandlung gegen die ersten Angeklagten ausgeschlossen sein sollte; die Fortsetzung der Verhandlung am folgenden Tag in Gegenwart aller Angeklagten und Verteidiger enthielt dann die stillschweigend allseitig gebilligte Wiederverbindung der getrennten Strafsachen. Ein Verfahrensverstoß war hierin nur insofern zu finden, als förmliche Gerichtsbeschlüsse über die Abtrennung und Wiederverbindung hätten ergehen müssen; es war aber ausgeschlossen, daß auf diesem Verstoß das Urteil beruhte. (I, 24. September 1935.) Amtl. Sammlg. S. 65—71. Vgl. Bd. 69 S. 18, 360; JW. 1927 S. 2042, 2044; 1935 S. 2980.

22. **Kraftfahrzeugverkehr. Fahrlässigkeit. Rücksicht auf Unbedachtsamkeiten Anderer.** (StGB. §§ 222, 230.) Ein Kraftwagen fuhr hart am Rande des rechts von ihm liegenden Gleiskörpers der elektrischen Straßenbahn, der gegenüber der Straße etwas erhöht war. Unerwartet

traten zwei Personen, die sich auf dem Gleiskörper befanden, auf die Straße herunter; sie wurden von dem Kraftwagen umgerissen und verletzt. Eine davon starb infolge der Verletzung. Der Führer des Wagens wurde wegen fahrlässiger Tötung in Tateinheit mit fahrlässiger Körperverletzung verurteilt. Das Reichsgericht verwies die Sache zurück. Nach den Feststellungen der Strafkammer war anzunehmen, daß der Angeklagte die beiden Personen schon geraume Zeit vor dem Unfall hatte wahrnehmen und demzufolge geeignete Vorsichtsmaßregeln hatte treffen können. Fraglich war aber, ob der Angeklagte damit zu rechnen hatte, daß sie plötzlich auf den Fahrdamm heruntertreten, und den Lauf seines Kraftwagens kreuzen würden. Standen die beiden die ganze Zeit durch, da der Angeklagte sie sehen konnte, in ruhiger Unterhaltung auf demselben Fleck, so war nicht einzusehen, weshalb er hätte annehmen sollen, daß sie ausgerechnet in dem Augenblick seines Vorüberfahrens auf den Gedanken verfallen sollten, auf die Fahrbahn zu treten. Dasselbe galt, wenn sie bei ihrer Unterhaltung sich zwischen den Gleisen hin- und herbewegt haben sollten. Anders dagegen wäre es gewesen, wenn sie bei ihrer Unterhaltung über den Gleiskörper gegen die Fahrbahn geschritten wären. Aus dem Urteil war nicht zu ersehen, warum der Angeklagte, wenn er acht gegeben hätte, wahrnehmen hätte müssen, daß die beiden über die Fahrbahn gehen wollten. Ein Kraftwagenführer muß allerdings auch auf ein unvorschriftsmäßiges und törichtes Verhalten der Fußgänger gefaßt sein; doch gilt das nur in den Grenzen, die sich aus den Bedürfnissen des täglichen Lebens und aus der Rücksicht auf Wesen, Eigenheiten und Erfordernisse des Kraftwagenverkehrs ergeben. Der Kraftwagenführer genügt seiner Pflicht, wenn er sich auf solche Unbedachtsamkeiten gefaßt macht, mit denen zu rechnen er bei verständiger Überlegung aller gegebenen Umstände triftige Veranlassung hat. Im allgemeinen wird er nicht damit zu rechnen haben, daß erwachsene Personen bei Tageslicht an einer übersichtlichen Örtlichkeit ohne großen Verkehr auf die Fahrbahn einer Straße treten, ohne sich vorher nach den auf dieser etwa nahenden Fahrzeugen umgesehen zu haben. (II, 9. Dezember 1935.)

Amtl. Sammlg. S. 71—74.

23. Straffreiheit. Auslieferung. (Deutsch-schweiz. AuslVertr. von 1874 Art. 1, 3; DAuslG. §§ 27, 28.) Ein Schweizer verübte im Jahre 1931 im Gebiet des Deutschen Reiches mehrere Betrügereien. Da er sich wieder in seine Heimat begeben hatte, übernahm die Staatsanwaltschaft Basel-Stadt auf deutsches Ersuchen die Strafverfolgung. Er wurde durch ein Urteil des Strafgerichts des Kantons Basel-Stadt vom 18. Januar 1935 wegen fortgesetzten Betrugs zu einer Gefängnisstrafe von 3 Monaten und 2 Wochen verurteilt. Zu einer Vollstreckung des Urteils kam es nicht. Der Verurteilte wurde von der Staatsanwaltschaft Basel-Stadt weiter beschuldigt, in den Jahren 1934—1935 mehrere Betrügereien in Basel verübt zu haben. Auf ihr Ersuchen wurde er in Offenburg festgenommen. Die Polizeiabteilung des eidgenössischen Justiz- und Polizeidepartements in Bern beantragte, ihn an die Schweiz auszuliefern. Das Oberlandesgericht Karlsruhe erklärte die Strafverfolgung und die Strafvollstreckung für zulässig. Die Reichsregierung trug Bedenken gegen die Auslieferung zur Vollstreckung des Urteils vom 18. Januar 1935, weil nach dem deutschen Straffreiheitsgesetz vom 7. August 1934 diese Strafe, wenn sie von einem deutschen Gericht ausgesprochen worden wäre, nicht hätte vollstreckt werden dürfen. Das Reichsgericht entschied, daß diese Vorschrift der Auslieferung entgegenstehe. Die Entscheidung wurde nicht durch den Umstand ausgeschlossen, daß das Oberlandesgericht die Auslieferung für zulässig erklärt hatte; die Reichsregierung wurde hierdurch nicht der Pflicht überhoben, ihrerseits zu prüfen, ob die Auslieferung zulässig war, und hierüber eine Entscheidung des Reichsgerichts herbeizuführen. Eine unmittelbare Bedeutung für den Fall hatte das deutsche Straffreiheitsgesetz nicht, da seine Vorschriften nur für die deutsche Strafverfolgungs- und Strafvollstreckungsbehörden verbindlich sind. Das Gesetz konnte als einseitige staatliche Willenserklärung auch nicht vertragliche Pflichten beseitigen, die dem Reich anderen Staaten gegenüber obliegen. Nur wenn nach dem Auslieferungsvertrag dem Gesetz die Bedeutung eines Auslieferungshindernisses zukam, stand dieser Umstand der Auslieferung entgegen. Der Vertrag enthielt keine allgemeine Bestimmung darüber, ob es zu den Voraussetzungen der Auslieferung gehört, daß die Tat auch nach dem Recht des ersuchten Staates strafbar ist. Nur für einzelne Straftaten wird die Auslieferungspflicht auf die Fälle beschränkt, in denen die Tat in beiden vertragschließenden Staaten mit Strafe bedroht ist (Kuppelei, Unterschlagung, Betrug). Diese Fassung des Vertrags führte dazu, daß für alle übrigen Fälle die Auslieferungspflicht auch dann als gegeben angesehen wurde, wenn die Tat nach dem Recht des ersuchten Staates nicht strafbar war. Im Laufe der Zeit wandelte sich aber diese Auslegung des Vertragsinhalts durch die Staatsübung; insbesondere sprach das schweizerische Bundesgericht aus, daß im Zweifel die Strafbarkeit der Tat am Asylort als allgemein gültiges Prinzip des Auslieferungsrechts anzuerkennen sei. Dem schloß sich dann auch (mindestens seit 1911) die deutsche Staatsübung an. Lückenhaft ist der Vertrag auch, soweit es sich um die Frage handelt, ob die Auslieferungspflicht ausgeschlossen wird, wenn Verfahrensvoraussetzungen oder Verfahrenshindernisse im ersuchten Staat verbieten, die Sache weiter zu führen oder eine Strafe zu vollstrecken. Nur die Verfahrenshindernisse der Rechtshängigkeit (oder Rechtskraft) und der Verjährung, soweit sie nach dem Recht des ersuchten Staates gegeben sind, werden als Gründe anerkannt, welche die Auslieferung ausschließen. Daß dasselbe gilt, wenn diese Hindernisse nach dem Recht des ersuchenden Staates gegeben sind, kann nicht zweifelhaft sein. Für eine weitere Verfahrensvoraussetzung, den Strafantrag, hat die Geschäftsübung beider Staaten entsprechende Grundsätze entwickelt. Mit diesen Verfahrensvoraussetzungen und Verfahrenshindernissen steht aber das Verfahrenshindernis in sehr naher Beziehung, das durch ein Straffreiheitsgesetz geschaffen wird. Auch das Verfahrenshindernis der Straffreiheit wirkt unmittelbar auf das staatliche Strafrecht ein; es vernichtet dieses Recht genau so, wie jene Verfahrenshindernisse es tun. Diese innere Verwandtschaft muß dazu führen, es als gleichwertig mit den anderen Verfahrenshindernissen zu behandeln. (III, 13. Januar 1936.)

Amtl. Sammlg. S. 74—82.

Vgl. Bd. 66 S. 87; Bd. 67 S. 150, 221.

24. Rechtsanwalt. Prozeßbevollmächtigter. Beihilfe zum Meineid. (StGB. §§ 49, 153, 154.) In der Beweiserhebung über eine Forderungsklage beschwor ein Zeuge der Wahrheit zuwider, eine Zahlung geleistet zu haben. Der Bevollmächtigte des Klägers, ein Rechtsbeistand, wußte, daß die Aussage falsch war, unterließ es aber, dem Zeugen Vorhalt zu machen, auch nachdem der Anwalt des Beklagten ihn hierzu aufgefordert hatte. Er wurde wegen Beihilfe zum Meineid verurteilt. Seine Revision führte zur Zurückverweisung der Sache. Sein Verhalten war geeignet, bei dem Zeugen den Eindruck hervorzurufen, daß er die falsche Aussage billige und ihn gegen die Angriffe des gegnerischen Anwalts decke; hiedurch konnte der Zeuge in seinem Vorhaben bestärkt werden, die falsche Aussage aufrechtzuerhalten und eidlich zu bekräftigen. Das Schwurgericht hatte festgestellt, daß es dem Angeklagten möglich gewesen wäre, den Zeugen von seinem strafbaren Vorhaben abzuhalten. Zur Bestrafung wegen Beihilfe zum Meineid war aber noch weiter erforderlich, daß er sich dieser Wirkung seines Verhaltens bewußt war und den Erfolg seines Verhaltens herbeiführen wollte. Glaubte der Angeklagte, er sei nicht verpflichtet, zuungunsten seines Auftraggebers auf den Zeugen einzuwirken, daß er die Aussage berichtige, und hielt er sich deshalb für berechtigt, die Aufforderung des gegnerischen Anwalts zurückzuweisen, ohne hiedurch den Zeugen in seinem Vorhaben bestärken zu wollen, so fehlte es dem Angeklagten an dem erforderlichen Vorsatz, auch wenn er rechtlich verpflichtet war, ohne Rücksicht auf seinen Auftraggeber das Vorhaben des Zeugen zu verhindern. Irrte der Angeklagte über das Bestehen einer solchen Rechtspflicht, so fehlte ihm das Bewußtsein der Rechtswidrigkeit und es lag deshalb für ihn ein Strafausschließungsgrund vor. (II, 13. Januar 1936.) Amtl. Sammlg. S. 82—85.
Vgl. Bd. 56 S. 28, 168, 171.

25. Vollrausch. Blutkoller. (StGB. § 330 a.) Ein betrunkener Mann geriet mit seinem Bruder in ein Geräuf; dieser brachte ihm eine Verletzung am Kopf bei. Er gab dann auf zwei Personen Schüsse ab und verletzte die eine davon. Gegenüber der Anklage wegen Körperverletzung berief er sich auf Volltrunkenheit. Die Strafkammer stellte fest, daß er durch übermäßigen Alkoholgenuß in einen Erregungszustand geraten sei, der dann durch die Auseinandersetzung mit seinem Bruder und die ihm von diesem zugefügte blutende Körperverletzung eine Verstärkung erfahren habe, so daß er ohne jede Besinnung und Überlegung gewesen sei. Das Reichsgericht hob das Urteil auf. Für die Anwendung des § 330a StGB. genügt es nicht, daß der Rausch die Hauptursache des Zustandes der Unzurechnungsfähigkeit bildete; er muß die alleinige Ursache dieses Zustandes sein. Wenn die Unzurechnungsfähigkeit durch das Gefühl der Verwundung (Blutkoller) herbeigeführt wurde, war Freisprechung geboten. Das Landgericht hatte im Urteil bemerkt, es nehme zugunsten des Angeklagten an, daß er unzurechnungsfähig gewesen sei. § 330a StGB. erfordert aber eine eindeutige Feststellung der Unzurechnungsfähigkeit. Bestand in dieser Hinsicht ein Zweifel, so kam wahlweise Verurteilung wegen Vollrausch und gefährlicher Körperverletzung in Frage. Das Verschulden (Vorsatz oder Fahrlässigkeit) hatte sich dabei nicht nur auf die Herbeiführung eines Rausches zu erstrecken, sondern auf die Herbeiführung eines Rausches, der die Zurechnungsfähigkeit ausschloß. Es genüge nicht, daß im Urteil ausgeführt war, der Angeklagte habe sich sagen müssen, man tue im Rausch leicht Dinge, die man bei klarer Besinnung unterlasse. Hat sich jemand fahrlässig in einen die Zurechnungsfähigkeit ausschließenden Rausch versetzt und außerdem fahrlässigerweise nicht bedacht, daß er in diesem Rausch eine gefährliche Körperverletzung begehen könne, so ist er nicht wegen Vollrausch, sondern wegen fahrlässiger Körperverletzung zu bestrafen. (VI, 22. Januar 1936.) Amtl. Sammlg. S. 85—88.

Vgl. Bd. 22 S. 413; Bd. 70 S. 42.

26. Devisenrecht. Aushändigung zugunsten eines Ausländers. (DevVO. 1932 § 14.) C. erhielt von dem in Polen wohnenden K. deutsche Wertpapiere zum Verkauf in Deutschland ausgehändigt. Er gab sie weiter an T. Dieser ließ sie in Kenntnis des Sachverhalts durch Mittelsmänner in eigenem Namen verkaufen und händigte den Erlös an C. zur Weitergabe an K. aus. Damit wurde der Tatbestand eines Vergehens gegen die Devisenverordnung erfüllt. Daß T. zu dem Ausländer, von dem C. die Wertpapiere erhalten hatte, in keinen rechtlichen Beziehungen stand, machte nichts aus; es genügte, wenn er bei der

Übergabe der Zahlungsmittel an einen Inländer wußte, daß der Empfänger diese Zahlungsmittel an einen Ausländer weitergeben wollte, und wenn er die Zahlungsmittel dem anderen gerade deshalb behändigte, weil er wollte, daß er sie einem Ausländer in einer devisenrechtlich strafbaren Weise zukommen lasse. Aus der Besonderheit des Devisenrechts ergibt sich die Notwendigkeit, den Tatbestand der Aushändigung zugunsten eines Ausländers rein äußerlich und tatsächlich aufzufassen, damit das an Listen reiche Treiben der Devisenschieber am ehesten und kräftigsten da gefaßt werden kann, wo es am deutlichsten, weil äußerlich sichtbar, in die Erscheinung tritt. (IV, 24. Januar 1936.) Amtl. Sammlg. S. 88—89. Vgl. Bd. 67 S. 130, 139, 401; Bd. 68 S. 136, 418; RGZ. Bd. 145 S. 40.

27. **Zeuge. Vereidigung.** (StPO. §§ 61, 64.) In der Sitzungsniederschrift war ausgeführt, daß acht Zeugen auf Grund eines in der Verhandlung verkündeten Beschlusses gemäß § 61 Nr. 5 StPO. nicht vereidigt worden seien. Diese Begründung war ungenügend. Da die angezogene Vorschrift verschiedene Gründe anführt, war nicht ersichtlich, weshalb die Strafkammer die Vereidigung für nicht erforderlich hielt; auch war nicht zu ersehen, ob alle Gerichtsmitglieder hierüber einer Meinung waren. Ein Widerspruch war auch darin zu finden, daß die Aussage eines Zeugen für unwesentlich erklärt, anderseits aber gesagt wurde, sie spreche eher zugunsten der Angeklagten als zu deren Nachteil. Hinsichtlich einiger Zeugen war ausgeführt, sie hätten sich bereit gezeigt, ihre Aussagen zu beschwören; da sich aber die Aussagen widersprachen, habe die Gefahr bestanden, daß Meineide geleistet würden. Damit war die Bedeutung des § 261 StPO. verkannt. Grundsätzlich sind alle Zeugen zu vereidigen; nur in den gesetzlich bestimmten Fällen kann von einer Vereidigung abgesehen werden. Ob die Voraussetzungen vorliegen, ist bei jedem Zeugen besonders zu prüfen. Es geht nicht an, die sämtlichen Zeugen in Bausch und Bogen unvereidigt zu lassen, weil sich ihre Aussagen widersprechen und möglicherweise der eine oder andere von ihnen einen Meineid leisten würde. Der Eid soll vielmehr das Mittel sein, eine wahre Aussagen herbeizuführen, sie erforderlichenfalls zu erzwingen; das Ziel des Strafverfahrens ist, die Wahr-

heit zu erforschen und diesem Ziele dient der rücksichtslose Einsatz der Staatsgewalt. Auf die Herbeiführung einer wahrheitsgemäßen Aussage kann der Staat grundsätzlich auch dann nicht verzichten, wenn das Bekenntnis der Wahrheit dem Zeugen Schwierigkeiten bringt. Hinsichtlich eines Zeugen hatte das Urteil ausgeführt, das Gericht habe keine Veranlassung, seinen glaubwürdigen und schlüssigen Bekundungen zu mißtrauen. Darnach konnte aber die Nichtvereidigung dieses Zeugen nicht auf § 61 Nr. 5 StPO. gestützt werden. (III, 27. Januar 1936.)

Amtl. Sammlg. S. 90—92.

28. **Gewohnheitsmäßige Jagdwilderei. Besonders schwerer Fall. Einziehung.** (StGB. §§ 40, 292, 295.) Wegen gewohnheitsmäßiger Jagdwilderei war eine Verurteilung erfolgt, obwohl der Angeklagte nach dem Inkrafttreten des Gesetzes vom 28. Juni 1935, das den Sondertatbestand der gewohnheitsmäßigen Jagdwilderei einführte, nur einmal gewildert hatte. Das hinderte nicht, die neue Strafvorschrift auf ihn anzuwenden; hierfür kam es nur darauf an, daß der Angeklagte nach dem Inkrafttreten des Gesetzes mindestens eine Teilhandlung begangen hatte, die sich als Ausfluß der Gewohnheit darstellte, mochte sich diese auch schon vorher gebildet und in Teilhandlungen geäußert haben. Es bestanden auch keine Bedenken dagegen, daß für die Annahme eines besonders schweren Falles Umstände verwendet wurden, die das neue Gesetz als erschwerend aufführte; die Annahme, daß beim Vorliegen einer gewohnheitsmäßigen Jagdwilderei nur solche Umstände als erschwerend in Betracht gezogen werden dürften, die gerade die Gewohnheitsmäßigkeit besonders stark ins Gewicht fallen lassen, erklärte das Reichsgericht für irrig. Im Urteil war auch die Einziehung eines Rehgeweihs verfügt, das beim Angeklagten beschlagnahmt worden war. Das erklärte das Reichsgericht für unzulässig. Das Geweih (mochte es sich um Abwurfstangen oder um Teile des erlegten Wildes oder um gefundenes Fallwild handeln) unterlag dem alleinigen Aneignungsrecht des Jagdberechtigten; es durfte ihm nicht dadurch entzogen werden, daß es zugunsten des Reiches eingezogen wurde. (III, 6. Februar 1936.)

Amtl. Sammlg. S. 92—94.

Vgl. Bd. 69 S. 49; JW. 1935 S. 1984.

29. Beleidigung einer Ehefrau. Mittelbare Beleidigung. (StGB. §§ 185, 195.) Die Frau eines Gastwirts wurde von einem Gast, der mit ihr und ihrem Manne befreundet war, während der Abwesenheit ihres Mannes veranlaßt, mit ihm eine Wagenfahrt zu unternehmen. Sie war schon zu Beginn der Fahrt angetrunken; an dem Ziel der Fahrt betrank sie sich vollständig, so daß sie, als sie mit ihrem Begleiter nach Hause kam, bewußtlos war. Das Landgericht erkannte auf Verurteilung wegen Beleidigung des Ehemannes. Es führte dazu aus, daß es von dem Angeklagten, auch wenn er mit den beiden Eheleuten befreundet war, eine grobe Ungehörigkeit darstellte, daß er die Abwesenheit des Ehemannes zu einer derartigen Fahrt mit der schon angeheiterten und leichtsinnig gewordenen Frau benutzte. Zur Ehre von Ehegatten gehört es, daß sie nicht nur einander die Treue halten, sondern auch nach außen alles vermeiden, was berechtigte Zweifel an ihrer ehelichen Treue hervorrufen kann. Eine Frau, die sich darüber wegsetzt, schädigt in der Regel nicht nur ihre eigene Ehre, sondern auch jene ihres Mannes. Es ließ sich zwar nicht nachweisen, daß der Angeklagte die Frau noch weiter zum Trinken veranlaßte; er hatte aber auch nichts getan, um ihre völlige Trunkenheit zu verhindern. Der Umstand, daß die Frau ihre Einwilligung zu der Fahrt gab, hinderte nicht, in dem Verhalten eine Beleidigung des Ehemanns zu finden. Wer die Ehre einer Ehefrau, sei es auch mit ihrem Einverständnis und insoweit straffrei, antastet, verletzt zugleich jene des Ehemanns. Diese Auffassung wurzelt in der deutschen Auffassung der Familie. Der Schimpf, den ein Mitglied erleidet, trifft die Gemeinschaft. Ihn abzuwehren sind die männlichen Mitglieder der Familie und besonders der Ehemann als deren Haupt berufen. Aus diesem Grunde ist dem Ehemann ein selbständiges, von dem der Ehefrau völlig unabhängiges Recht verliehen, Strafantrag zu stellen. Dies Recht erlischt nicht, wenn die Frau stirbt, bevor der Ehemann den Antrag gestellt hat oder wenn die Frau aus einem anderen Grunde selbst keinen Antrag mehr stellen kann; es kann nach richtiger Auffassung auch nicht dadurch beeinflußt werden, daß die Frau in die Beleidigung eingewilligt und sich dadurch des eigenen Strafantragrechtes begeben hat. Ob die früher vertretene Auffassung, wonach

die mittelbare Beleidigung des gemeinen Strafrechts in das Strafgesetzbuch nicht übernommen wurde, sondern nur die Ehre der Einzelperson geschützt ist, mit den neuen Rechtsanschauungen noch vereinbar ist, nach deren maßgebenden Rechtsquellen die Rechtsüberzeugung des Volkes und das Gesetz nur deren zeitbedingter und nie ganz vollkommener Ausdruck ist, ließ das Reichsgericht dahingestellt. Für die Frage, ob der Ehemann beleidigt wird, wenn ein anderer die Ehre der Frau, sei es auch mit deren Einwilligung, antastet, hat sie niemals allgemeine Geltung gehabt. So ist immer anerkannt worden, daß der Ehebrecher durch den Ehebruch in der Regel (wenn nicht besondere Umstände eine solche Annahme ausschließen), zugleich die Ehre des Ehemannes verletzt. Es kann aber keinen Unterschied begründen, ob der gute Ruf einer Frau durch einen Ehebruch oder durch eine andere Handlung beeinträchtigt wird. Daß im vorliegenden Falle der gute Ruf der Frau verletzt worden war, hatte das Landgericht ausdrücklich festgestellt. Damit hatte der Angeklagte auch die Ehre des Ehemannes angegriffen, der als das Haupt der Familie ohne weiteres mitbetroffen wurde. Es fehlte auch nicht an einer Bekundung der Mißachtung des Ehemanns. Dazu hätte schon genügt, daß das Ansinnen nur gegenüber der Ehefrau Ausdruck gefunden hätte; bei der Beleidigung des Ehemanns, die durch Ehebruch mit der Frau begangen wird, wird die Sache regelmäßig so liegen, daß sich die Mißachtung des Ehemanns gerade nur in dem Verhalten der Frau gegenüber kundtut. Ob die Kundgebung zur Kenntnis des Ehemanns gelangen sollte, ob der Angeklagte auch nur damit rechnete, daß er Kenntnis davon erlangen werde, war für die Frage, ob eine Beleidigung vorlag, rechtlich belanglos. (III, 13. Februar 1936.) Amtl. Sammlg. S. 94—100.
Vgl. Bd. 1 S. 29; Bd. 13 S. 115; Bd. 65 S. 1; JW. 1912 S. 394.

30. **Straffreiheit. Politischer Meinungsstreit.** (StrFreihG. § 3.) In einem Strafverfahren wegen Beleidigungen, die zwischen Parteigenossen vorgekommen waren, vertraten die Nebenkläger die Auffassung, daß § 3 Nr. 4 StrFreihG. nicht zur Anwendung kommen könne, weil zwischen Parteigenossen ein politischer Meinungsstreit unmöglich sei. Das Reichsgericht erklärte, daß dem in dieser

Allgemeinheit nicht beigetreten werden könne. Richtig ist nur, daß zwischen Parteigenossen, die vom Geiste des Führers beseelt sind, ein politischer Meinungsstreit über die nationalsozialistische Weltanschauung unmöglich ist, ebenso über Fragen, zu denen der Führer in entscheidender Weise Stellung genommen hat. Im übrigen sind aber auch zwischen Parteigenossen politische Meinungsverschiedenheiten möglich. (VI, 25. Januar 1936.)

Amtl. Sammlg. S. 100.
Vgl. Bd. 69 S. 179.

31. Devisenrecht. Einziehung. Zuständigkeit. (StPO. § 430; DevG. §§ 13, 45; DevVO. 1932 § 36.) In einem Einziehungsverfahren wegen Verletzung devisenrechtlicher Vorschriften erkannte das Landgericht durch Urteil auf Einziehung auf 200000 *RM*. Gegen das Urteil legten sowohl der Staatsanwalt als der Nebenkläger Revision ein. Das Reichsgericht ließ dahingestellt, ob nicht das Landgericht durch Beschluß hätte entscheiden sollen, nachdem das Gesetz über Änderung der Devisenverordnung vom 16. Februar 1934 ein Beschlußverfahren eingeführt hat; nachdem ein Urteil erlassen worden war, fand dagegen die Revision und nicht sofortige Beschwerde statt. Der Staatsanwalt hatte zugunsten des Angeklagten Revision eingelegt, weil der Gesamtbetrag der Werte, auf die sich die strafbare Handlung bezog, nur rund 90000 *RM* ausgemacht hatte. Das Reichsgericht erklärte diese Beschränkung der Revision für zulässig; die Bemessung des Einziehungsbetrags nach völlig freier Schätzung (z. B. nach Maßgabe der Werte, auf die sich die strafbare Handlung bezog) bildet einen selbständig prüfbaren Teil des Urteils. Es bedurfte daher keiner rechtlichen Prüfung der Frage, ob überhaupt und für welche Werte ein Betrag eingezogen werden durfte; zu prüfen war aber, ob das Landgericht mit Recht wegen der gemeingefährlichen Art des Angeklagten und der bei der Ausführung der Tat aufgewandten verbrecherischen Energie die einzuziehende Summe höher als die Summe bemessen hatte, auf die sich die strafbaren Handlungen bezogen hatten. Das war zu verneinen. Die Revision des Hauptzollamts war darauf gestützt, daß das Landgericht sich für unzuständig erklärt hatte, in einem Falle des § 13 DevG. eine Einziehung auszusprechen. Nach dem Wortlaut des § 45 Abs. 2

Satz 3 DevG. kommt hierfür allerdings die Zuständigkeit dem Hauptzollamt zu; der Sinn der Vorschrift kann aber nur der sein, daß die im § 45 Abs. 2 Satz 1 bestimmte Zuständigkeit des Gerichts nicht ausgeschlossen sein soll. (VI, 5. Februar 1936.) Amtl. Sammtl. S. 101—103.

32. Betrug. Weingesetz. Lebensmittelgesetz. Gesetzeseinheit. (StGB. § 263; WeinG. §§ 16, 18, 26, 31; LebMG. §§ 4, 13.) Branntwein wurde als Weinbrand oder Weinbrandverschnitt in den Verkehr gebracht, obwohl seine Zusammensetzung nicht den hierfür geltenden Vorschriften entsprach. Der Hersteller wurde wegen fortgesetzten Betrugs in Tateinheit mit einem fortgesetzten Vergehen gegen das Lebensmittelgesetz und gegen das Weingesetz verurteilt. Das Reichsgericht berichtigte das Urteil dahin, daß der Angeklagte nur wegen fortgesetzten Betrugs verurteilt wurde. Nach den Feststellungen des Landgerichts hatte der Angeklagte schon bei der Herstellung des Branntweins die Absicht, ihn später als Weinbrand oder Weinbrandverschnitt zu veräußern. Durch die Vorspiegelung dieser Beschaffenheit gelang es ihm, die Käufer zur Zahlung eines entsprechend höheren Preises zu veranlassen. Das erfüllte den Tatbestand des Betrugs. Die Einzelbetätigungen des Angeklagten waren, soweit es sich einerseits um Weinbrand, anderseits um Weinbrandverschnitt handelte, als je eine einheitliche Gesamttat anzusehen; beide Handlungseinheiten wurden durch den fortgesetzten Betrug, in den sie beide einmündeten, auch unter sich zu einer Einheit zusammengefaßt. Die Strafvorschrift des § 13 LebMG. ist gemäß § 31 WeinG. nicht anwendbar, wenn zugleich die Vorschriften des § 26 WeinG. verletzt worden sind; aber auch § 26 WeinG. wurde gemäß § 31 WeinG. durch § 263 StGB. außer Kraft gesetzt. (III, 6. Februar 1936.) Amtl. Sammlg. S. 103—104.
Vgl. Bd. 11 S. 355.

33. Volksverrat. Straffreiheit. Teilberichtigung. Tätige Reue. (DevVO. 1931 §§ 7, 18; DevVO. 1932 §§ 12, 36; VolksVerrG. § 1; StAnpG. § 24; DurchfVO. z. VolksVerrG. §§ 22, 24; RAbgO. § 410.) H. brachte im Oktober 1931 Geld in die Schweiz, und zwar 8000 *RM* im Auftrag von L., 4000 *RM* im Auftrag von P. Das Geld wechselte er dort in Schweizer Franken um. Einen Teil der für die 8000 *RM* erhaltenen Schweizer Franken wechselte er im Frühjahr 1932 in Deutschland in Reichsmark zurück. Die Schweizer Franken, die er für die 4000 RM erhalten hatte, wechselte er um dieselbe Zeit in Dollarbonds um und händigte diese P. aus; dieser stellte sie später der Reichsbank zur Verfügung. Das Landgericht verurteilte H. und L. auf Grund der §§ 12, 36 DevVO. 1932. Das Reichsgericht hob das Urteil auf. In Anwendung kamen nicht §§ 12, 36 DevVO. 1932, sondern §§ 7, 18 DevVO. 1931. Das war aber ohne Bedeutung, weil sich die Strafvorschriften insoweit nicht geändert hatten. Rechtsirrig war weiter, daß das Landgericht jede Straffreiheit verneinte; sowohl hinsichtlich der für P. verschobenen 4000 RM als auch wegen des Teilbetrags von 5000 RM der für L. verschobenen 8000 RM war H. straffrei, wegen des letzteren Betrags auch L., weil diese Beträge nachträglich, aber doch vor dem 31. Dezember 1934, einer Devisenbank angeboten worden waren. Nach dem Volksverratsgesetz tritt Straffreiheit für Devisenzuwiderhandlungen ein hinsichtlich der angebotenen Werte und hinsichtlich der Zahlungsmittel, die zum Erwerb der angebotenen Werte unmittelbar oder mittelbar verwendet worden sind. Es fehlt eine dem § 18 der ersten StAmn.-VO. von 1931 entsprechende Bestimmung, wonach bei teilweiser Anzeige Straffreiheit auch für den angezeigten Teil ausgeschlossen wäre. Der Sinn des § 23 DurchfVOzVolksVerrG. ist daher derselbe wie der des § 410 RAbgO. über die Wirkung der tätigen Reue. Auch hier tritt Straffreiheit ein, soweit unrichtige Angaben berichtigt werden, also bei teilweiser Berichtigung für den nachträglich angegebenen Teilbetrag. Dem Gesetzgeber war es darum zu tun, möglichst viele von den unrechtmäßig zurückbehaltenen Devisen der Reichsbank zuzuführen; deshalb wollte er den Besitzern solcher Devisen die Anbietung möglichst erleichtern, nicht aber durch die Versagung einer Teilstraffreiheit von der Anbietung von Teilbeträgen abschrecken. (V, 10. Februar 1936.) Amtl. Sammlg. S. 104—107.

34. Abtreibung. Drohung. (StGB. §§ 52, 218.) Ein Mädchen war zufolge geschlechtlichen Verkehrs mit ihrem Bräutigam schwanger geworden. Der Bräutigam verlangte, daß sie sich die Frucht abtreiben lasse, und drohte ihr, als sie sich widersetzte, sie laufen zu lassen. Darauf duldete sie die Abtreibung. Das Schwurgericht vertrat die Auffassung, die erzwungene Willfährigkeit des Mädchens sei nicht als Einwilligung im Sinne des Gesetzes anzusehen. Das Reichsgericht trat dem entgegen. Einwilligung im Sinne des § 218 Abs. 4 StGB. bedeutet nicht eine nach den Vorschriften des Bürgerlichen Gesetzbuchs wirksame rechtsgeschäftliche Erklärung. Über das Rechtsgut der Leibesfrucht kann die Schwangere überhaupt nicht rechtswirksam verfügen; eine solche Verfügung wäre wegen Verstoßes gegen die guten Sitten nichtig. Zur Einwilligung gehört nur, daß sie auf freier Willensentscheidung beruht. Unfrei im Sinne dieser Vorschrift wird der Wille nicht schon dadurch, daß auf ihn in irgendeiner Weise Einfluß ausgeübt wird. Das ist vielmehr nur dann der Fall, wenn die Willensentschließung durch eine Drohung erzwungen worden ist, die mit einer gegenwärtigen, auf andere Weise nicht abwendbaren Gefahr für Leib und Leben des Bedrohten selbst oder eines Angehörigen verbunden war. Daran fehlte es hier. (III, 13. Februar 1936.) Amtl. Sammlg. S. 107—109.

Vgl. Bd. 31 S. 395.

35. **Öffentlichkeit.** (GVG. § 174; StPO. §§ 257, 338.) Die Öffentlichkeit wurde für die Dauer der Verlesung eines früher gegen den Angeklagten ergangenen Urteils ausgeschlossen. Nach der Verlesung stellte der Verteidiger, ehe die Öffentlichkeit wieder hergestellt worden war, den Antrag, einen Brief zu verlesen. Das Gericht behielt sich die Beschlußfassung hierauf vor. Sodann wurde, immer noch unter Ausschluß der Öffentlichkeit, beschlossen, für die Dauer der Vernehmung eines Sachverständigen die Öffentlichkeit auszuschließen. Nach der Vernehmung des Sachverständigen wurde die Öffentlichkeit wieder hergestellt. Das Reichsgericht hob das Urteil auf. Es war unschädlich, daß das Gericht den Antrag des Verteidigers auf Verlesung des Briefes noch unter Ausschluß der Öffentlichkeit stellen ließ. Mit der Verlesung des früheren Urteils gehörte auch die Befragung des Angeklagten und seines Verteidigers, was dazu erklärt werde, in einen und denselben Verhandlungsabschnitt, ebenso die darauf abgegebene Erklärung. Die Öffentlichkeit brauchte auch nicht deshalb wieder hergestellt zu werden, weil das Gericht sich die Beschlußfassung vorbehielt. Übrigens hatte der Verteidiger den Antrag später wiederholt und das Gericht

darüber in öffentlicher Sitzung entschieden; selbst wenn in dem früheren Verhalten ein Verfahrensfehler gelegen gewesen wäre, hätte er dadurch seine Heilung gefunden. Weiter war nicht zu beanstanden, daß das Gericht den Antrag des Staatsanwalts, auch für die Vernehmung des Sachverständigen die Öffentlichkeit auszuschließen, und die Erklärungen des Verteidigers und des Angeklagten hierzu in nicht öffentlicher Verhandlung entgegennahm; über die Ausschließung der Öffentlichkeit kann immer in nicht öffentlicher Sitzung verhandelt werden, wenn das Gericht das für angemessen erachtet. Dagegen hätte der auf diesen Antrag ergehende Beschluß in öffentlicher Sitzung verkündet werden müssen. Dieser Mangel bildete einen unbedingten Revisionsgrund. Die Öffentlichkeit der Verhandlung soll durch die darüber erlassenen Vorschriften als wesentliche Bedingung des öffentlichen Vertrauens zur Rechtsprechung der Gerichte gewährleistet werden; das hierfür festgelegte Mindestmaß darf nicht unterschritten werden. Öffentlich muß mindestens hervortreten, daß sich das Gericht seiner grundsätzlichen Verpflichtung, unter den Augen der Öffentlichkeit zu verhandeln, bewußt ist und nicht willkürlich, sondern aus wohlerwogenen, wenigstens andeutungsweise bekannt zu gebenden gesetzmäßigen Gründen die Öffentlichkeit ausschließt. Wird nicht einmal der Beschluß über die Ausschließung der Öffentlichkeit öffentlich verkündet, so wird, von außen gesehen, die gesamte Tätigkeit der Gerichte hinter verschlossenen Türen in ein Dunkel gehüllt und dadurch Mißdeutungen und Argwohn ausgesetzt. In diesem Sinn erstreckt sich das Fehlen der Öffentlichkeit bei der Verkündung des Beschlusses, der die Öffentlichkeit ausschließt, als ein Mangel des Verfahrens auf die gesamte, an sich vielleicht mit Recht geheimgehaltene Verhandlung über die Schuld- und Straffrage, soweit sie unter Ausschluß der Öffentlichkeit stattfindet. (I, 14. Februar 1936.)

Amtl. Sammlg. S. 109—112.

Vgl. Bd. 35 S. 103; Bd. 43 S. 367; Bd. 69 S. 175, 401.

36. Anreiz zu Wetten. Voraussage. (RennWettG. § 9.) Der Verleger und verantwortliche Schriftleiter einer Wochenschrift über Rennsport wurde wegen verbotener Anreizung zum Abschluß von Wetten in Tateinheit mit gewerbsmäßiger Verbreitung von Voraussagen über den Ausgang von Rennen zu einer Geldstrafe verurteilt. Das

Reichsgericht hob das Urteil auf. § 9 RennWettG. bedroht den mit Strafe, der öffentlich oder durch Verbreitung von Schriften oder anderen Darstellungen, ohne zugelassener Unternehmer eines Totalisators oder zugelassener Buchmacher zu sein, zum Abschluß von Wetten außerhalb der Örtlichkeiten des Totalisatorunternehmens oder außerhalb der im § 2 Abs. 2 bezeichneten Örtlichkeiten des Buchmachers anreizt. Das Reichsgericht prüfte eingehend, ob sich der mit „außerhalb" eingeleitete Satzteil auf das „Anreizen" oder auf den „Abschluß von Wetten" bezieht. Das Landgericht hatte angenommen, daß er sich auf die Tätigkeit des „Anreizens" beziehe. Das Reichsgericht billigte diese Auffassung. Die in § 9 Abs. 1 Nr. 1 verbotene Tätigkeit des Anreizens ist den zugelassenen Wettunternehmern erlaubt; dagegen ist ihnen ohne Ausnahme verboten, ein Wettgeschäft außerhalb der von der Genehmigung umfaßten Örtlichkeiten zu machen. Es kann ihnen also unmöglich das Anreizen zu ihm außerhalb der angegebenen Örtlichkeiten erlaubt sein. Der Angeklagte hatte in seiner Zeitschrift darauf hingewiesen, welche Gewinnaussichten für die Leser beständen, wenn sie sich nach seinen Angaben richteten. Damit war der Tatbestand des Anreizens zum Abschluß von Wetten erfüllt. Auch das Verbreiten von Voraussagen über den Ausgang von Rennen reichte hierfür aus. Der Tatbestand des Anreizens wurde auch dadurch nicht ausgeschlossen, daß die Bezieher oder Leser der Zeitschrift schon der Wettleidenschaft verfallen waren. Zum inneren Tatbestand gehört Vorsatz; doch genügt bedingter Vorsatz. Der Angeklagte war sich aller Umstände bewußt, die zum gesetzlichen Tatbestand gehörten; daß er das Bewußtsein der Rechtswidrigkeit oder gar der Strafbarkeit seines Tuns hatte, war nicht erforderlich. Wenn er irrig annahm, sein Tun genüge nicht, den Straftatbestand zu erfüllen, war das nur ein unbeachtlicher Strafrechtsirrtum. Dagegen hatte das Landgericht irrtümlich den Tatbestand der Voraussage als gegeben angenommen. Dieses Merkmal liegt nur dann vor, wenn es sich um bestimmte oder doch bestimmbare Rennen handelt. Wann diese Voraussetzung im einzelnen Falle erfüllt ist, bildet im wesentlichen eine Tatfrage, deren Beurteilung sich jeweils nach den besonderen Umständen richtet. Die Möglichkeiten sind mannigfaltig. Die Voraussage kann von einem einzelnen bestimmten Rennen ausgehen, indem die Aussichten der in ihm startberechtigten Pferde gegeneinander abgewogen und in einer förmlichen Angabe des voraussichtlichen Siegers bewertet werden; dabei ist nicht ausgeschlossen, daß nach- oder nebeneinander auch mehrere Pferde genannt werden. Eine Voraussage kann aber auch dadurch gemacht werden, daß von den einzelnen Pferden ausgegangen wird, indem ohne ausdrückliche Bezeichnung des Rennens lediglich Namen von Pferden genannt werden, die siegfertig sind; die Erklärung muß aber erkennen lassen, daß diese Pferde zu bestimmten oder doch nach Ort und Zeit bestimmbaren Rennen in Beziehung gesetzt sind. In welcher Weise diese Beziehung im einzelnen Falle dem Erklärungsempfänger erkennbar gemacht wird, richtet sich abermals nach den besonderen Umständen, häufig schon danach, wie sich das Verhältnis zwischen dem Erklärenden und dem Empfänger der Erklärung gestaltet hat. Hiernach war mit Recht eine Voraussage in einem in der Zeitschrift veröffentlichten Briefe des Angeklagten gefunden worden, worin vier Pferde als Sieger beim nächsten Start bezeichnet wurden, wobei sich feststellen ließ, wo und wann der Start stattfinden werde. Einer Erklärung kann die Eigenschaft einer Voraussage nicht schon deshalb abgesprochen werden, weil noch die Benutzung weiterer Hilfsmittel erforderlich ist, damit erkannt werden kann, für welches Rennen nach Ort und Zeit die so bezeichneten Pferde in Betracht kommen. Dagegen kann eine Erklärung dann nicht als Voraussage angesehen werden, wenn nur bestimmte Möglichkeiten nebeneinander gestellt werden, von denen sich der Empfänger der Erklärung auf Grund eigener Nachforschungen oder nach eigenem Urteil die voraussichtlich beste aussuchen soll; insbesondere sind bloße Angaben über die allgemeine Leistungsfähigkeit der einzelnen Pferde, über ihre Morgenarbeit usw. nicht geeignet, eine Voraussage über den Ausgang von Rennen darzustellen. Auch hier gehört zum inneren Tatbestand Vorsatz. Der Angeklagte war in früheren Strafsachen wiederholt freigesprochen worden; es war möglich, daß bei ihm ein Irrtum über die tatsächliche Bedeutung und Wirkung seiner Mitteilungen entstand, der ihn nicht erkennen ließ, daß sie Voraussagen im Sinne des Gesetzes enthielten.

Ob hierdurch der Vorsatz ausgeschlossen werden konnte, blieb noch zu prüfen. Da im Urteil (an sich zutreffend) Tateinheit zwischen Nr. 1 und Nr. 2 des § 9 angenommen worden war, mußte das ganze Urteil aufgehoben werden. — Straffrei sind nach § 9 Abs. 2 redaktionelle Veröffentlichungen in einer periodisch erscheinenden Druckschrift, sofern diese nicht ausschließlich oder überwiegend der Verbreitung von Voraussagen dient. Diese Ausnahmebestimmung gilt nicht nur für die Veröffentlichung von Voraussagen, sondern auch für das Anreizen zum Abschluß von Wetten. Das Landgericht hatte festgestellt, daß die Zeitschrift des Angeklagten überwiegend der Verbreitung von Voraussagen diene. Diese Annahme war durch die nicht einwandfreie Auffassung des Landgerichts von dem Begriff der Voraussage beeinflußt. Bei dem Merkmal des Überwiegens kommt es auch nicht schlechtweg auf das räumliche Verhältnis des den Straftatbestand ausmachenden Inhalts der Druckschrift zu dem übrigen Inhalt an; maßgebend war vielmehr, welchem Inhalt nach der Auffassung des Angeklagten das Schwergewicht zukommen sollte und nach der Auffassung der Allgemeinheit, besonders der Leserschaft, zukam. Es konnte auch nicht unerörtert bleiben, ob sich der Angeklagte mit dem Gesamtinhalt der Zeitschrift überwiegend an Wettlustige oder an andere Leser wenden wollte. Einen Fingerzeig hierfür konnte die Art der Zusammensetzung des Leserkreises und die Art der Verbreitung geben. Aus dem Zweck des Gesetzes ergibt sich weiter für die Fälle des Anreizens zum Abschluß von Wetten eine Einschränkung. Es werden Fälle denkbar sein, in denen eine Druckschrift nicht ausschließlich oder überwiegend der Verbreitung von Voraussagen dient, aber Mitteilungen enthält, in denen der Tatbestand des Anreizens erfüllt ist. Das Gesetz will die Wettleidenschaft in geordnete Bahnen lenken; dahin gehört die Sorge dafür, daß die Betätigung dieser Leidenschaft auch im Rahmen des nach dem Gesetz Erlaubten nicht künstlich angefacht und in Kreise getragen wird, die den Rennwetten fernstehen und im eigenen Interesse wie in jenem ihrer Familien und der Volksgemeinschaft ferngehalten werden müssen. Daraus folgt, daß Veröffentlichungen, die den Tatbestand der Anreizung enthalten, die im § 9 Abs. 2 zugesicherte Straffreiheit unter Umständen versagt werden muß. Dient eine Zeitschrift ausschließlich oder überwiegend der Verbreitung eines an sich strafbaren Anreizens, so ist regelmäßig eine Ausnahme von der Ausnahme und damit der Regelfall der Strafbarkeit gegeben. (I, 22. November 1935.)

Amtl. Sammlg. S. 113—126.

Vgl. Bd. 47 S. 411; JW. 1928 S. 3194.

37. **Zurechnungsfähigkeit. Sicherungsmaßregeln.** (StGB. §§ 20 a, 51.) Bei einer Verurteilung wegen Betrugs im Rückfall erklärte das Landgericht es für möglich, daß der Angeklagte an Zwangsvorstellungen leide, die seine Willensfreiheit bei der Begehung der Straftaten erheblich minderten, daß aber Klarheit hierüber nur durch eine längere Beobachtung in einer Heil- oder Pflegeanstalt erbracht werden könne; es betrachtete ihn aber gleichzeitig als gefährlichen Gewohnheitsverbrecher und verschärfte darum einerseits die Strafe nach § 20 a StGB., milderte sie aber anderseits nach § 51 StGB. und ordnete die Unterbringung des Angeklagten in einer Heil- und Pflegeanstalt an. Das Reichsgericht verwies die Sache zurück. Die Ermäßigung der Strafe nach § 51 StGB. war nicht zu beanstanden; sie kann auch dann angeordnet werden, wenn die Voraussetzungen dafür nicht nachgewiesen sind, aber doch als möglicherweise gegeben angenommen werden. Dagegen hatte bei der Entscheidung über die Sicherungsfrage der Schutz der Allgemeinheit vor Rechtsbrechern der Rücksichtnahme auf den Angeklagten vorzugehen. In Fällen, in denen der Sachverhalt nicht eindeutig festgestellt werden kann, sind im Rahmen des Zulässigen die Maßregeln anzuordnen, die bei jeder der gegebenen Gefahrenmöglichkeiten den Schutz der öffentlichen Sicherheit gewährleisten. Im vorliegenden Falle war das nur durch Sicherungsverwahrung zu erreichen; diese mußte daher angeordnet werden. Die Unterbringung des Angeklagten in einer Heil- oder Pflegeanstalt konnte höchstens daneben in Frage kommen. Sie war aber im vorliegenden Falle überhaupt unzulässig, denn sie setzte die Feststellung voraus, daß die Straftat in einem Zustand der Zurechnungsunfähigkeit oder der verminderten Zurechnungsfähigkeit begangen worden war. Die Annahme einer bloßen Möglichkeit genügte nicht. (III, 12. Dezember 1935.)

Amtl. Sammlg. S. 127—128.

Vgl. Bd. 68 S. 385; Bd. 69 S. 12, 110.

38. **Gewohnheitsverbrecher. Mildernde Umstände. Strafschärfung. Sicherungsverwahrung.** (StGB. §§ 20 a, 42 e.) Einem rückfälligen Betrüger wurden wegen geistiger Minderwertigkeit mildernde Umstände zugebilligt, zugleich aber gegen ihn als gefährlichen Gewohnheitsverbrecher die Sicherungsverwahrung angeordnet. Das Reichsgericht erklärte das für zulässig. Es stellt insbesondere keinen inneren Widerspruch dar, im Einzelfalle einem Täter mildernde Umstände zuzubilligen, der als gefährlicher Gewohnheitsverbrecher verurteilt wird. Für die Anordnung der Sicherungsverwahrung ist nur nötig, daß die im § 20 a vorgesehene Strafschärfung zulässig ist, nicht auch, daß sie wirklich angewendet wird. (I, 23. Januar 1936.)

Amtl. Sammlg. S. 129—130.

Vgl. Bd. 68 S. 330; JW. 1934 S. 3201.

39. **Eidesstattliche Versicherung. Abgabe. Beglaubigung. Urkundenfälschung. Betrug.** (StGB. §§ 156, 263, 267.) Vor einem Rechtsanwalt wurde eine Versicherung an Eides Statt abgegeben. Dieser brachte sie in schriftliche Fassung und ließ sie von dem Erklärenden unterzeichnen. Zugleich mit der Urschrift ließ er auf der Schreibmaschine Durchschläge anfertigen; einen dieser Durchschläge beglaubigte er und reichte ihn dem Gericht ein. Der Inhalt der Versicherung war unrichtig. Das Landgericht verurteilte wegen wissenschaftlich falscher Abgabe einer Versicherung an Eides Statt. Das Reichsgericht hob das Urteil auf. Für die Beglaubigung der Abschrift durch den Rechtsanwalt fehlte eine gesetzliche Grundlage. Die Zivilprozeßordnung verlangt die Beglaubigung von Schriftstücken durch einen Rechtsanwalt nur bei Zustellungen. Reicht ein Anwalt dem Gericht die einfache oder von ihm beglaubigte Abschrift einer eidesstattlichen Versicherung ein, so hat das nach den gesetzlichen Vorschriften nur die Bedeutung, daß er damit dem Gericht erklärt, ihm habe eine eidesstattliche Versicherung des aus der Abschrift ersichtlichen Inhalts vorgelegen, und auf Verlangen sei er oder seine Partei bereit, die Urschrift dem Gericht einzureichen. Das Gericht kann nach seinem Ermessen hierin eine ausreichende Glaubhaftmachung finden; aber wenn es das tut, vertraut es nicht einer eidesstattlichen Versicherung, die es selbst in Händen hat, daher wenigstens unter Umständen sofort auf ihre Echtheit prüfen kann und zur späteren Nachprüfung

in amtlichem Gewahrsam behält, sondern es verläßt sich auf die Erklärung des Rechtsanwalts, obwohl dieser inzwischen die Urschrift der Erklärung an die Partei hinausgegeben, verloren oder beiseite geschafft haben kann. Eine solche nur irgendwo vielleicht noch vorhandene, dem Gericht aber nur abschriftlich mitgeteilte Versicherung kann nicht als vor einer zuständigen Behörde abgegeben angesehen werden. Das Gesetz straft die Verletzung der Wahrheitspflicht bei eidlichen oder eidesstattlichen Beteuerungen nur unter ganz bestimmten äußeren Voraussetzungen. Wegen Meineids kann nicht bestraft werden, wer etwa aus freien Stücken eine Tatsache wissentlich falsch vor einem Notar beschwört und die notarielle Niederschrift dieser Eidleistung dem Gerichte einreicht. Entsprechend kann auch nicht wegen Abgabe einer eidesstattlichen Versicherung vor Gericht bestraft werden, wer eine eidesstattliche Versicherung abgibt, die dem Gericht nicht zugeht. Die Einreichung einer Abschrift kann auch nicht der Abgabe der Urschrift gleichgestellt werden. Regelmäßig kann die Abschrift die Urschrift nicht vertreten; insbesondere kann eine in einem bürgerlichen Streitverfahren in einem Anwaltbüro angefertigte und mehr oder weniger formlos beglaubigte Abschrift einer Beweisurkunde die Urschrift nicht ersetzen. So kann auch die Verwendung einer Abschrift einer gefälschten Urkunde nicht als Gebrauch der gefälschten Urkunde angesehen und als Urkundenfälschung bestraft werden. Die Urschrift ist schon wegen der Zwischenfälle, die auf die Herstellung von Abschriften einwirken können, und wegen der Unterschrift von größerem Beweiswert als die Abschrift. Außerdem hat der Urheber einer eidesstattlichen Versicherung eine größere Verantwortung, wenn die Urschrift der Versicherung bei Gericht liegt, als wenn das Gericht nur eine Abschrift besitzt und die Urschrift außerhalb des Gerichts beiseite geschafft werden kann. Einer Bestrafung des Angeklagten wegen Betrugs stand nichts im Wege. (I, 14. Februar 1936.)

Amtl. Sammlg. S. 130—134.

40. **Straßenverkehrsordnung. Rechtsfahren.** (StrVerkO. § 26.) Der Führer eines Kraftwagens lenkte diesen bei einer nächtlichen Fahrt von der rechten auf die linke Straßenseite hinüber und fuhr auf dieser weiter. Er stieß mit einem Fußgänger zusammen, der auf der linken

Straßenseite ging, und verletzte ihn tödlich. Seine Verurteilung wegen fahrlässiger Tötung wurde vom Reichsgericht bestätigt. Zwar schreibt die Straßenverkehrsordnung nicht mehr vor, daß ständig die rechte Straßenseite einzuhalten ist; das hat aber immer zu geschehen, wenn ein Ausweichen oder ein Überholtwerden bevorstehen kann. Ein Kraftwagenführer verletzt erheblich die allgemeine Sorgfaltspflicht, wenn er seinen Wagen ohne Grund und ohne ein Warnungszeichen zu geben, von der rechten auf die linke Straßenseite hinüberlenkt und auf dieser weiterfährt; er kann damit ohne weiteres Fußgänger gefährden, welche die Fahrbahn überschreiten und auf dieser Straßenseite zunächst nur aus der entgegengesetzten Richtung kommende Fahrzeuge zu erwarten haben. Das mußte der Angeklagte als berufsmäßiger Kraftwagenführer in Rechnung ziehen. (II, 20. Februar 1936.)

Amtl. Sammlg. S. 135—136.

41. **Kinderraub. Gewinnsüchtige Absicht.** (StGB. § 235.) Die versuchte Entführung eines Kindes in der Absicht, den Vater zur Zahlung eines Lösegeldes zu nötigen, wurde vom Landgericht als Versuch der räuberischen Erpressung, der schweren Freiheitsberaubung und des schweren Kinderraubs beurteilt. Das Reichsgericht entschied, daß der Tatbestand eines versuchten schweren Kinderraubs nicht erfüllt sei, sondern nur jener des versuchten einfachen Kinderraubs. Ein Gebrauch des Kindes zu gewinnsüchtigen Zwecken liegt nur dann vor, wenn die Person des Kindes hierfür mißbraucht wird oder werden soll; es muß die Absicht bestehen, das Kind handelnd oder duldend zu mißbrauchen. Das ergibt sich schon aus der Einstellung der Vorschrift unter die Verbrechen und Vergehen wider die persönliche Freiheit. (V, 27. Februar 1936.)

Amtl. Sammlg. S. 136—138.

42. **Zollhinterziehung. Täterschaft. Beihilfe. Tateinheit. Gesetzeseinheit.** (RAbgO. § 396; StGB. §§ 47, 49, 73.) Geschmuggeltes Getreide wurde in das Anwesen eines Bauern gebracht und dort von ihm und seiner in seinem Hause als Altsitzerin wohnenden Frau zusammen abgenommen. Das Landgericht verurteilte beide als Mittäter. Das Reichsgericht fand die Mittäterschaft nicht hinlänglich begründet. Wenn der Bauer das ganze Schmuggelgut für sich allein erwarb, lag nahe, daß die Frau ihm nur

Beihilfe leistete. Zwar kann Täter einer Steuerhinterziehung auch sein, wer die Verkürzung von Steuereinnahmen zugunsten eines anderen bewirkt; das schließt aber rechtlich die Teilnahmeform der Beihilfe nicht aus. Entscheidend ist die Willensrichtung. Die Unterstützung beim Abladen und die Einräumung eines Aufbewahrungsorts ließen für sich allein den Täterwillen nicht erkennen. Falls jeder der Angeklagten einen Teil des Schmuggelgutes für sich erwarb, kam bei jedem von ihnen Tateinheit zwischen Täterschaft und Beihilfe in Frage. In der Regel ist eine solche Tateinheit zwar ausgeschlossen, weil die geringere Teilnahmeform in der schwereren aufgeht. Ausnahmen sind aber in der Rechtsprechung schon bisher bei Straftaten zugestanden worden, die ihrer Natur nach den Begriff der Beihilfe oder der Anstiftung in sich tragen. Im vorliegenden Falle waren Tateinheit zwischen Täterschaft und Beihilfe deshalb möglich, weil der Gegenstand der Straftat, das Schmuggelgut, keine unteilbare Sache war. Die angeklagte Frau konnte die Tat insoweit als eigene gewollt haben, als sie einen Teil des Getreides für sich erwarb, dagegen als fremde, soweit sie dem anderen Angeklagten beim Unterbringen der Ware half. Der Unterschied ist für den vorliegenden Fall wegen des Strafmaßes von besonderer Bedeutung; die Mindestgeldstrafe beträgt bei Eigentäterschaft das Vierfache, bei Beihilfe aber nur das Einfache des Wertes. (VI, 6. März 1937.)

Amtl. Sammlg. S. 138—140.

43. Beleidigung von Personengesamtheiten. (StGB. § 185.) Die bisherige Rechtsprechung, daß, von Behörden und politischen Körperschaften abgesehen, Personengesamtheiten als solche nicht beleidigt werden können, weil nur die Einzelperson Träger der Ehre sei, kann nach der jetzigen Rechtsanschauung, welche die Gemeinschaften (die Volksgemeinschaft und die engeren Gemeinschaften, die in ihr bestehen) in den Mittelpunkt der rechtlichen Betrachtungsweise rückt, nicht in dieser Allgemeinheit aufrechterhalten werden. Zum mindesten die Personenmehrheiten, die das Recht anerkennt und die mit staatlicher Billigung der Erfüllung öffentlicher Aufgaben zu dienen bestimmt sind, müssen hinsichtlich des Ehrenschutzes den Behörden und politischen Körperschaften darin gleichgestellt werden, daß ihnen eine Gemeinschaftsehre zuerkannt wird, deren

Verletzung als Beleidigung zu strafen ist. Die Körperschaft, um die es sich handelte, war allerdings vor Erlaß des Urteils des Landgerichts aufgelöst worden; der Strafantrag, den ihr Vorstand für sie gestellt hatte, blieb aber wirksam. Falls die Beleidigung öffentlich begangen war, war die Befugnis, die Verurteilung bekannt zu machen, der Dienststelle zuzusprechen, die mit der Abwicklung der Geschäfte der früheren Körperschaft betraut war. (III, 12. März 1936.) Amtl. Sammlg. S. 140—141.

44. Devisenvergehen. Kenntnis der Gesetzwidrigkeit. (StGB. § 59.) Zum Tatbestand eines Devisenvergehens gehört nicht, daß der Täter bestimmte Kenntnis von den Vorschriften hat, gegen die er verstößt; es genügt die Vorstellung, das Geschäft verstoße möglicherweise gegen eine Vorschrift der Devisengesetzgebung, und der Wille, gleichwohl zu handeln. Diese Vorstellung braucht, wenn mehrere Gesetzesverletzungen in einer Tat zusammenfallen, nicht für jede Gesetzesverletzung einzeln festgestellt zu werden. Andernfalls wäre bei Personen, die es geflissentlich unterlassen, sich über die Devisenvorschriften zu unterrichten, kaum ein vorsätzliches Devisenvergehen denkbar. (III, 19. März 1936.) Amtl. Sammlg. S. 141—142.

45. Meineid. Offenbarungseid. Vorbehalt. Widerruf. Rechtsnachteil. (StGB. §§ 153, 158.) Bei der Leistung eines Offenbarungseides erklärte der Schuldner, er sei vergeßlich, weil er infolge einer Gehirnerschütterung sehr nervenleidend sei. Er hatte dem Vermögensverzeichnis den Vermerk beigefügt: „Sollte ich etwas vergessen haben, so werde ich es nachreichen.“ Im Verzeichnis hatte er angegeben, daß er keine Forderungen besitze; auf die Frage des Richters erklärte er, möglicherweise habe er Forderungen, er könne es aber im Augenblick nicht sagen. Mehrere Monate später reichte er eine teilweise Ergänzung des Verzeichnisses ein. Seine Verurteilung wegen Meineids wurde vom Reichsgericht bestätigt. Das Schwurgericht hatte festgestellt, daß er Grundstücke und Hypotheken, die ihm gehörten, im Vermögensverzeichnis wider besseres Wissen verschwiegen und die Vorbehalte nur zum Zwecke der Täuschung gemacht habe. Wahrheitsgemäße Vorbehalte der Art, wie sie der Angeklagte gemacht hatte, können bei unvollständigen Vermögensangaben den Meineid ausschließen; falsche Vorbehalte sind aber bedeutungslos. So, wie es lautete, war das vom Angeklagten eingereichte Verzeichnis nicht geeignet, dem Gläubiger einen Einblick in sein Vermögen zu geben; darauf kam es aber nicht an, sondern nur darauf, daß der Angeklagte wider besseres Wissen beschworen hatte, sein Vermögen so vollständig als möglich angegeben zu haben. Ob es richtig war, den Eid auf das ungenaue Verzeichnis abzunehmen, konnte dahingestellt bleiben. Der Angeklagte hatte sich darauf berufen, daß in der Ergänzung des Verzeichnisses ein teilweiser Widerruf des geleisteten Eides zu finden sei. Schon vor diesem Zeitpunkt hatte aber der Gläubiger das Verfahren neu aufgenommen und war dadurch zu Aufwendungen genötigt worden. Das genügte für die Feststellung, daß durch die Ableistung des falschen Eides ein Rechtsnachteil für einen anderen entstanden war. (II, 19. März 1936.)

Amtl. Sammlg. S. 142—144.
Vgl. Bd. 5 S. 124; Bd. 62 S. 351.

46. Widernatürliche Unzucht. Fortsetzungszusammenhang. (StGB. § 175.) Eine unbestimmte Zahl von Fällen widernatürlicher Unzucht, die mit verschiedenen Männern verübt worden war, hatte das Landgericht als fortgesetztes Vergehen zusammengefaßt. Es hatte ausgeführt, daß der Angeklagte von Anfang an den Vorsatz gefaßt hatte, sich in solcher Weise zu betätigen, wenn sich Gelegenheit dazu biete, und daß es bei den einzelnen Handlungen keiner neuen, selbständigen Entschließung bedurfte, daß diese vielmehr nur eine Teilverwirklichung des einheitlichen, vorher gefaßten Vorsatzes bildeten. Das stand im Widerspruch mit der bisherigen Rechtsprechung des Reichsgerichts, die es als unmöglich ansah, widernatürliche Unzucht mit verschiedenen Partnern zu einer fortgesetzten Straftat zusammenzufassen, weil jeder der Partner in einem höchst persönlichen Rechtsgut verletzt werde. Diese Auffassung hielt das Reichsgericht nicht mehr fest. Mehrere an sich selbständige Handlungen können grundsätzlich nur dann zu einer fortgesetzten Straftat zusammengefaßt werden, wenn sie sich gegen dasselbe Rechtsgut richten. Verschiedenheit der Träger des Rechtsguts ist dabei kein Hindernis, sofern es sich nicht um höchst persönliche Rechtsgüter handelt (Leben, Freiheit, Ehre, Gesundheit usw.). Bei höchstpersönlichen Rechtsgütern wird deren Inhalt so überwiegend durch die Persönlichkeit seines Trägers bestimmt und begrenzt und erschöpft sich derart in ihr, daß es nicht möglich ist, das Leben oder die Ehre verschiedener Personen als das nämliche Rechtsgut zu bezeichnen, das des einen als mit dem entsprechenden des anderen zusammenfallend anzusehen. Das entspricht der natürlichen, gesunden Lebensauffassung, die nicht eine fortgesetzte, mit einer Strafe zu sühnende Tat sieht, wo mehrere Menschen ermordet, vergewaltigt, eingesperrt oder beleidigt worden sind. Das Landgericht hatte angenommen, Straftaten, durch die höchstpersönliche Rechtsgüter verschiedener Personen verletzt werden, könnten schon dann zu einer fortgesetzten Handlung zusammengefaßt werden, wenn durch sie zugleich ein in allen Einzelfällen gleichmäßig bestehendes öffentliches Interesse mitverletzt sei. Das erklärte das Reichsgericht für irrig. Hinter allen höchstpersönlichen Rechtsgütern stehen zugleich gewichtige Interessen der Allgemeinheit, die mitverletzt werden und die in der Regel dafür mitbestimmend waren, daß solche Taten unter Strafe gestellt wurden. Die Frage ist vielmehr dahin zu stellen, was der ausschlaggebende Grund war, der dazu führte, die Tat mit Strafe zu bedrohen, ob das der Schutz des einzelnen Volksgenossen vor Gewalt, Willkür oder sonstigen Angriffen oder aber das Interesse der Volksgesamtheit am Rechtsfrieden, an der Ordnung des Zusammenlebens innerhalb der Volksgemeinschaft, an der Sicherung des Staates oder der Durchsetzung höherer staatlicher oder völkischer Ziele war, die den Wünschen und Belangen des einzelnen sogar zuwiderlaufen mögen, ihnen aber trotzdem aus dem überragenden Gesichtspunkt des Volkswohls vorangestellt werden müssen. Im ersteren Falle muß es bei der Regel bleiben, daß kein Fortsetzungszusammenhang möglich ist, wenn sich die mehreren Handlungen gegen verschiedene Rechtsträger richten. Das steht nicht mit der neueren Rechtsauffassung in Widerspruch, welche die öffentlichen Belange gegenüber jenen des Einzelnen stark betont; auch heute noch muß der Staat dem einzelnen Volksgenossen innerhalb seines Rechtskreises Schutz gewähren. Will dagegen das Strafgesetz in erster Reihe ein Rechtsgut der Gesamtheit schützen, so können mehrere Handlungen, die gegen das Gesetz verstoßen, eine Einheit in der Form der fortgesetzten Handlung bilden, auch wenn sie sich zugleich gegen höchstpersönliche Rechtsgüter verschiedener Personen richten. Nach dem Gesetz zur Gewährung des Rechtsfriedens wird bestraft, wer es unternimmt, einen Richter, Staatsanwalt oder Polizeibeamten aus politischen Beweggründen zu töten. Durch Verstöße gegen diese Vorschrift werden höchstpersönliche Rechtsgüter, das Leben der geschützten Personen, verletzt; das ist aber hier für die Frage belanglos, ob eine fortgesetzte Handlung vorliegen kann, wenn sich das Unternehmen gegen das Leben mehrerer Personen richtet. Das geschützte Rechtsgut ist nicht das Leben dieser Personen, sondern die öffentliche Ordnung in der besonderen Form des Rechtsfriedens, namentlich in der Richtung auf die Sicherung der Rechtspflege. Durch § 175 StGB. soll nicht ein höchstpersönliches Rechtsgut einzelner Personen (die Geschlechtsehre, das natürliche Schamgefühl, die Unversehrtheit des Trieblebens) geschützt werden; andernfalls müßte ein Angriff dieser Art straflos sein, wenn ihn der Täter im rechtlich beachtlichen Einverständnis des Angegriffenen unternimmt. Das trifft nicht zu. Der Grund für die Strafbestimmung liegt vielmehr in dem Bestreben der Gesamtheit, die körperliche und geistige Gesundheit des Volkes auch auf dem Gebiete der geschlechtlichen Betätigung zu erhalten, vor Abirrungen zu bewahren und damit zugleich den Fortbestand des Volkes zu sichern. Damit geht der Wille des Staates Hand in Hand, der Verfälschung des öffentlichen Lebens zu begegnen, dessen Sauberkeit und sicherer Führung gerade von dieser Seite schwere Gefahren drohen können. Demgemäß können mehrere Fälle dieses Vergehens, auch wenn sie mit verschiedenen Personen verübt worden sind, als fortgesetztes Vergehen behandelt werden. Aus einem ähnlichen Gesichtspunkt ist auch schon anerkannt worden, daß mehrere Fälle von Zuhälterei gegenüber verschiedenen Dirnen miteinander im Fortsetzungszusammenhang stehen können. Das Landgericht hatte weiter ausgeführt, das Gericht könne sonst bei einem Täter, der glaubhaft die Begehung einer größeren Zahl gleichartiger Straftaten zugebe, sie aber in keiner Weise eingrenze, nur zwei oder drei oder zehn als bewiesen ansehen und auch bei diesen wiederum nicht feststellen, ob sich der Angeklagte nur mit denselben Menschen wiederholt oder mit mehreren je einmal oder vielleicht mehrere Male gleichgeschlechtlich betätigt habe. Diesem

Gesichtspunkt der Zweckmäßigkeit trat das Reichsgericht mit aller Bestimmtheit entgegen. Über die Zahl (oder Mindestzahl) der Einzelfälle muß sich der Richter seine Überzeugung bilden, ehe er in die Prüfung der Frage eintreten kann, ob es sich um eine fortgesetzte Straftat handelt. Es geht nicht an, mit erwiesenen Straftaten unerwiesene zusammenzufassen, für die die Hauptverhandlung nur einen oder weniger erheblichen Verdacht ergeben hat. Daß bei Straftaten, zu denen eine gewerbs- oder gewohnheitsmäßige Begehung gehört, dieses Merkmal unter Umständen schon auf Grund eines oder einiger Einzelfälle nachweisbar sein kann, hat hiermit nichts zu tun. Die Pflicht zu bestimmten Feststellungen kann in Fällen wie dem vorliegenden dem Tatrichter eine kaum lösbare Aufgabe zumuten, will er nicht an die Stelle einer tatsächlichen Feststellung der Zahl der Partner eine willkürliche Schätzung treten lassen. Diese Schwierigkeit fällt weg, wenn es für die Strafbarkeit des Täters bedeutungslos ist, ob er es bei seinem dem Umfang nach festgestellten Gesamtverhalten mit einem oder mehreren anderen Personen getrieben hat. Diese Rechtsauffassung ermöglicht es daher, dem dringenden staatlichen Bedürfnis nach Unterdrückung der gleichgeschlechtlichen Betätigung in weit wirksamerer Weise zu begegnen, als das auf dem Boden der bisherigen Rechtslehre möglich war. Ausdrücklich wies das Reichsgericht darauf hin, daß dieser Gesichtspunkt der Zweckmäßigkeit allein noch keine entsprechende Anwendung auf andere Gebiete (z. B. des § 218 StGB.) gestattet, obwohl auch dort die Beweisschwierigkeiten groß sein können. (I, 24. Januar 1936.) Amtl. Sammlg. S. 145—151. Vgl. Bd. 61 S. 212; Bd. 66 S. 163; Bd. 68 S. 193; Bd. 69 S. 373; JW. 1935 S. 543, 2641.

47. Betrug. Verschweigen. Offenbarungspflicht. Treu und Glauben. Versuch. (StGB. §§ 43, 263.) Zu der Frage, wieweit im Rechtsverkehr eine Rechtspflicht zur Offenbarung von Tatsachen besteht, unter welchen Umständen insbesondere der Akzeptant eines Wechsels verpflichtet ist, seine Vermögensverhältnisse darzulegen, machte das Reichsgericht folgende Ausführungen.

a) Bei der Prüfung der Frage, ob der Täter durch Vorspiegelung falscher oder durch Entstellung oder Unterdrückung wahrer Tatsachen einen Irrtum erregt oder unterhalten hat, muß sein gesamtes Verhalten und Vorbringen berücksichtigt werden. Hat er vor oder bei dem Abschluß eines Vertrags über wesentliche Tatsachen bewußt nur günstige Mitteilungen gemacht, ihm bekannte ungünstige Tatsachen aber verschwiegen, so kann sein Gesamtverhalten ohne Rechtsirrtum als eine Vorspiegelung einer in Wirklichkeit nicht vorhandenen Sachlage aufgefaßt und beurteilt werden. In diesem Falle hat das bewußte Verschweigen der ungünstigen Umstände rechtlich keine selbständige Bedeutung; es ist nur im Rahmen des Gesamtvorbringens zu würdigen. Ist dieses Gesamtvorbringen falsch, weil bewußt wesentliche, für eine abweichende Beurteilung sprechende Tatsachen verschwiegen worden sind, so liegt nur eine Vorspiegelung falscher Tatsachen vor. In einem solchen Falle bedarf es deshalb überhaupt nicht der Anwendung der Grundsätze, welche die Rechtsprechung für den Fall eines bloßen Verschweigens aufgestellt hat.

b) Ein Verschweigen kann als Unterdrückung einer wahren Tatsache nur dann angesehen werden, wenn eine Verpflichtung zur Mitteilung besteht und durch ihre Nichterfüllung der Anschein erweckt wird, die nicht mitgeteilte Tatsache sei nicht vorhanden oder nicht vorhanden gewesen. Die Verpflichtung zur Offenbarung muß eine rechtliche sein; eine bloß sittliche Verpflichtung genügt nicht ohne weiteres. In der früheren Rechtsprechung ist eine Rechtspflicht anerkannt worden, wenn sie durch Gesetz, Gewohnheitsrecht oder Vertrag begründet war oder wenn jemand selbst gewisse tatsächliche Verhältnisse geschaffen hat, die ein weiteres Handeln erforderlich machen; sie ist aber regelmäßig auch in den Fällen abgelehnt worden, in denen sich jemand ohne ein tätiges, auf Verdeckung der Wahrheit gerichtetes Handeln eines schweren Verstoßes gegen die im bürgerlichen Recht herrschenden Grundsätze von Treu und Glauben schuldig gemacht hat. In teilweiser Abweichung hiervon hat das Reichsgericht in letzter Zeit auch den Grundsätzen von Treu und Glauben Bedeutung eingeräumt und wiederholt ausgesprochen, daß sich aus ihnen eine Rechtspflicht zur Offenbarung ergeben kann. So ist eine solche Rechtspflicht anerkannt worden, wenn sie sich nach den Grundsätzen von Treu und Glauben aus einem vorherigen oder gleichzeitigen Tun oder aus einem besonderen Vertrauensverhältnis ergab, so daß das Schweigen als Unterdrückung der Wahrheit anzusehen war. Das Gebot, Treu und Glauben zu beobachten, ist nicht auf Vertragsverhältnisse beschränkt, sondern es enthält einen unser ganzes Recht beherrschenden Grundsatz, der insbesondere auch im Strafrecht Berücksichtigung zu beanspruchen hat. Darüber, wann ein Verschweigen gegen Treu und Glauben verstößt, lassen sich keine allgemein gültigen Regeln aufstellen; die Frage kann immer nur unter Berücksichtigung der im einzelnen Falle vorliegenden, eingehend darzulegenden Umstände beurteilt werden. Fordern Treu und Glauben mit Rücksicht auf die Verkehrssitte nach der Auffassung des redlichen Verkehrs, den Anschauungen aller billig und gerecht Denkenden über das, was sittlich erlaubt und erträglich ist, eine bestimmte Tatsache zu offenbaren, so besteht eine Rechtspflicht zur Offenbarung, und zwar nicht nur für das bürgerliche Recht, sondern auch für das Strafrecht. Bei den vom Landgericht festgestellten besonderen Verhältnissen war die Auffassung richtig, daß jeder Vertragsteil bei den Vertragsverhandlungen Umstände, von denen er erkannte, daß sie dem anderen Teil unbekannt, für seinen Willensentschluß aber bestimmend waren, seinem Vertragsgegner offenbaren mußte.

c) Bei der Frage, wie der Betrugsversuch von bloßen Vorbereitungshandlungen abzugrenzen ist, muß davon ausgegangen werden, daß der Täter mit der tatbestandsmäßigen Handlung den Anfang gemacht, wenigstens eine auf Täuschung gerichtete Tätigkeit begonnen haben muß. Als Vorbereitungshandlungen sind die Handlungen anzusehen, die den Tatbestandshandlungen vorausgehen und deren Vornahme ermöglichen oder erleichtern sollen, selbst aber noch nicht unter den strafbaren Tatbestand fallen. Zum versuchten Betrug gehört also, daß wenigstens eine auf Täuschung gerichtete Handlung vorgenommen wird. Richtet sich die Handlung, die der Täter vorgenommen hat, auf eine Täuschung, so wird die Annahme eines strafbaren Versuchs nicht dadurch ausgeschlossen, daß die Handlung in Wirklichkeit nicht geeignet war, die vom Täter beabsichtigte Wirkung hervorzurufen. Auch in den Fällen, in denen die Täter die Wechsel ohne besondere Vorspiegelungen nur zum Kauf angeboten hatten, war die Annahme eines Betrugsversuchs nicht zu beanstanden, weil nach der besonderen Sachlage die Täuschungshandlungen schon in dem einer Rechtspflicht zuwiderlaufenden Schweigen lagen, nachdem die Rechtspflicht zur Offenbarung mit dem Anbieten der Wechsel entstanden und durch das stillschweigende Angebot schon verletzt worden war; es brauchten keine besonderen Handlungen festgestellt zu werden, die bestimmt waren, über die Vermögensverhältnisse der Wechselverpflichteten, die Güte der Wechselunterschriften und darüber zu täuschen, daß Gefahr bestehe, die Wechsel würden bei Fälligkeit nicht eingelöst werden. Zu der Zeit, da die Wechsel begeben wurden, war den Beteiligten schon bekannt, daß keiner der Wechselverpflichteten die Möglichkeit hatte, die Wechsel einzulösen. Unter diesen Umständen lag schon im Anbieten der Wechsel zum Dienst oder zum Wareneinkauf eine Täuschungshandlung durch Unterdrückung. (II, 13. Februar 1936.)

Amtl. Sammlg. S. 151—158.

Vgl. Bd. 12 S. 395; Bd. 14 S. 310; Bd. 21 S. 67; Bd. 22 S. 20; Bd. 25 S. 95; Bd. 27 S. 75; Bd. 31 S. 208; Bd. 36 S. 114; Bd. 37 S. 61; Bd. 39 S. 397; Bd. 41 S. 373; Bd. 46 S. 414; Bd. 58 S. 131; Bd. 63 S. 394; Bd. 65 S. 106; Bd. 66 S. 56, 154; Bd. 69 S. 283; Bd. 70 S. 45; RGZ: Bd. 62 S. 149; Bd. 69 S. 15; Bd. 77 S. 309; Bd. 111 S. 233; JW. 1934 S. 1418.

48. **Unzüchtige Handlung. Öffentlichkeit. Rausch.** (StGB. §§ 183, 330 a.) In einer Wirtschaft führte ein betrunkener Gast unzüchtige Reden vor jungen Leuten. Seine Verurteilung aus § 330 a wurde vom Reichsgericht nicht bestätigt. Zum Tatbestand des § 183 StGB. gehört (im Gegensatz zu den §§ 174, 176 StGB.) nicht, daß der Täter die Absicht hat, die eigene oder fremde Geschlechtslust zu erregen oder daß er sich vorstellt, die Handlung könne einen geschlechtlichen Reiz hervorrufen. Eine unzüchtige Handlung im Sinne dieser Vorschrift liegt vielmehr schon dann vor, wenn sie das Scham- und Sittlichkeitsgefühl der Allgemeinheit in geschlechtlicher Hinsicht verletzt. Nach der inneren Tatseite ist nur erforderlich, daß sich der Täter der geschlechtlichen Beziehung der begangenen Schamlosigkeit bewußt ist. Daß der Angeklagte dieses Bewußtsein gehabt hatte, ergab sich aus dem Inhalt und der Form der von ihm geführten Reden. Ob dieses Bewußtsein im Rahmen des § 330 a StGB. zur Strafbarkeit gehörte, brauchte nicht erörtert zu werden; jedenfalls

war nicht das Bewußtsein nötig, daß die unzüchtige Handlung öffentlich vorgenommen werde. Das Merkmal der Öffentlichkeit gehört nicht unmittelbar zur Handlung des Täters; es ist ein die Umgebung des Täters betreffender Zustand, dessen Vorhandensein das Gesetz neben der Willensbetätigung zur Strafbarkeit aus § 183 StGB. verlangt, ein notwendiges, die unzüchtige Handlung begleitendes Merkmal. Wollte man dieses Merkmal nach der inneren Tatseite aufstellen, so würde das Gebiet des § 330a StGB. allzusehr eingeengt; sein Zweck, die von Berauschten der Allgemeinheit und den Einzelnen drohenden Gefahren zu bekämpfen, würde nicht in dem Maß ererreicht werden, wie es bei der Aufstellung dieser Strafvorschrift beabsichtigt war. Mag ein Trunkener trotz des Zustandes der Unzurechnungsfähigkeit in der Regel auch wissen, was er tut und mit seinem Tun erreichen will, so wird er doch selten Umstände, die außerhalb seiner Willensbetätigung liegen, aber doch zum gesetzlichen Tatbestand gehören, in seine Vorstellung aufnehmen, da sie nicht oder nicht zur Genüge auf ihn einwirken, um von ihm trotz der Bewußtseinsstörung beachtet zu werden. Aus denselben Gründen ist zur Strafbarkeit aus § 330a StGB. erforderlich, daß sich der Betrunkene bei Vornahme der nach § 183 StGB. strafbaren Handlungen der Ärgerniserregung bewußt wird; die strafbare Tat besteht in der Vornahme unzüchtiger Handlungen; die Ärgerniserregung liegt außerhalb seines Bereichs, selbst außerhalb seines Machtbereichs. Ob sie eintritt, hängt von den Eigenschaften und dem augenblicklichen Zustand derer ab, welche die Handlung wahrnehmen. Es war also kein Rechtsmangel, daß das Landgericht nicht das Bewußtsein des Angeklagten von der öffentlichen Vornahme seiner Handlungen und der Ärgerniserregung oder deren Möglichkeit festgestellt hatte. Das Urteil wurde aufgehoben, weil das Merkmal der Öffentlichkeit nicht für nachgewiesen erachtet wurde. (VI, 25. März 1936.) Amtl. Sammlg. S. 159—161.

Vgl. Bd. 68 S. 193; JW. 1936 S. 514.

49. Bankgeschäft. Kommission. Selbsteintritt. Fremdanzeige. Ausschließung eines Richters. (HGB. § 384; BörsG. § 95; DepG. §§ 8, 9.) Dem Inhaber eines Bankgeschäftes wurde von einem Kunden der Auftrag erteilt, Wertpapiere für ihn anzuschaffen. Er führte den Auftrag als Selbstverkäufer aus, kaufte die Wertpapiere im eigenen Namen bei einer Bank, die ihm Kredit gewährte, und gab mit der unrichtigen Erklärung, daß ihm von seinem Auftraggeber die Verfügung über die Papiere eingeräumt worden sei, Anweisung, die Stücke für ihn in das Depot A zu nehmen. Als bald darauf sein Geschäft zusammenbrach, verwertete die Bank die Papiere als Pfand für ihre Forde- derung. Er wurde wegen Vergehen gegen § 95 BörsG. in Tateinheit mit einem Vergehen nach § 9 DepG. verurteilt. Das Reichsgericht hob die Verurteilung aus § 9 DepG. auf. Der Kunde des Angeklagten hatte die bestellten Papiere nicht bar bezahlt, sondern dafür zahlungshalber Lombardscheine gegeben, mit deren Hilfe der Angeklagte sich den Gegenwert für die Wertpapiere beschaffen konnte. Als selbsteintretender Kommissionär, der auch noch gar nicht die Gegenleistung des Auftraggebers erhalten hatte, war der Angeklagte nicht verpflichtet, seiner Bank mitzuteilen, daß die Anschaffung für fremde Rechnung geschehe. Die Verurteilung aus § 9 DepG. mußte also wegfallen. Dagegen war die Verurteilung aus § 95 BörsG. richtig. Wenn sich der Inhaber eines kleinen Bankgeschäfts als Einkaufkommissionär bei der Anschaffung eines Wertpapiers für einen Kunden bei einer großen Bank eindeckt und hierbei die Fremdanzeige unterläßt, wird im regelmäßigen Geschäftsbetriebe die Großbank ihm das Wertpapier auf dem Depotkonto A gutschreiben. Erst wenn dann der Kunde seine Zahlung leistet, wird die Verbindlichkeit des Inhabers des Bankgeschäfts fällig, seinerseits nach Inhalt des Auftrags entweder dem Kunden das Eigentum an dem Wertpapier zu verschaffen oder ihn wenigstens dadurch zu sichern, daß das Wertpapier aus dem Depotkonto A in das Depotkonto B übergeführt wird. In dieser Weise darf aber der Bankgeschäftsinhaber nur dann vorgehen, wenn er völlig darauf vertrauen kann, daß er zur richtigen Zeit (bei Empfang der Gegenleistung des Kunden) die Mittel besitzen wird, die notwendig sind, die Übertragung des Wertpapiers auf das Depotkonto B oder geradezu in das Eigentum des Kunden herbeizuführen. Trifft das nicht zu, so muß er bei Abschluß des Deckungsgeschäfts mit der großen Bank dafür sorgen, daß das angeschaffte Papier von vornherein dem Depotkonto B gutgeschrieben wird. — Beim Urteil hatte ein Richter mitgewirkt, der früher Vorstand der Staatsanwaltschaft des gleichen Gerichts gewesen war. Das machte nichts aus. Es war festgestellt, daß der die Sache behandelnde Staatsanwalt vollkommen selbständig vorgegangen war, so daß der Vorstand der Staatsanwaltschaft von der Sache überhaupt keine Kenntnis erhielt. Es bestand also kein Grund zu der Annahme, daß er nicht unbefangen an die Sache herantreten werde. (I, 28. Januar 1936.)

Amtl. Sammlg. S. 161—165.
Vgl. Bd. 59 S. 267; Bd. 65 S. 92, 216; RGZ. Bd. 82 S. 403; Bd. 107 S. 38; JW. 1935 S. 3397.

50. Notar. Untreue. Bestechung. Irrtum. (StGB. § 332.) Vor einem preußischen Notar, der zugleich Rechtsanwalt war, wurde der Verkauf eines Anwesens beurkundet; zugleich wurde die Auflassung erklärt. Die Umschreibung unterblieb zunächst, weil die Grunderwerbsteuer nicht bezahlt wurde. Der Notar hatte gegen den Verkäufer, der ihn wiederholt als Rechtsberater in Anspruch genommen hatte, eine Forderung von rund 150 *RM*. Es war ihm bekannt, daß ein Makler ebenfalls eine Forderung gegen den Verkäufer hatte, daß aber die von ihm betriebene Zwangsvollstreckung erfolglos verlaufen war. Er ließ nun den Makler zu sich kommen und teilte ihm mit, er könne ihm einen Weg zeigen, wie er zu seiner Forderung komme, falls er sich verpflichte, ihm die Hälfte des Betrages zu zahlen, den er im Wege der Zwangsvollstreckung erlangen werde. Als der Makler sich hierzu bereit erklärte, wies der Notar ihn darauf hin, daß das Anwesen noch nicht umgeschrieben sei, empfahl ihm, die Zwangsvollstreckung in das Anwesen zu betreiben, und entwarf ihm einen entsprechenden Antrag. Nachdem die Zwangsversteigerung angeordnet worden war, teilte der Notar dem Käufer mit, er könne die Versteigerung nur verhindern, wenn er die Forderung des Maklers begleiche. Dieser tat es. Der Makler gab dem Notar 113 *RM*. Das Landgericht verurteilte den Notar wegen Untreue in Tateinheit mit Bestechung. Das Reichsgericht verwies die Sache zurück. Zu Unrecht hatte das Landgericht schon aus der Ernennung des Angeklagten zum Notar seine Verpflichtung hergeleitet, im Rahmen der Gesetze die Vermögensinteressen der Volksgenossen wahrzunehmen, die seine Tätigkeit als Notar in Anspruch nahmen. Durch die Ernennung hatte der Angeklagte die Stellung eines Staatsbeamten erlangt; er war dem Staat gegenüber verpflichtet, seines Amtes treu und gewissenhaft zu walten, aber nicht, die Vermögensinteressen der Personen wahrzunehmen, die seine amtliche Tätigkeit beanspruchten. Die Tätigkeit eines preußischen Notars ist nicht einheitlicher Art. Es muß in jedem Falle geprüft werden, ob sie in seinen amtlichen Wirkungskreis fällt oder ob sie von ihm in seiner Eigenschaft als Rechtsanwalt verlangt und ausgeübt wird. Im ersteren Falle wird der Notar nicht als Beauftragter der Partei tätig, die ihn anruft; es besteht keine vertragliche Bindung zwischen ihnen. Im zweiten Falle dagegen ergibt sich seine Pflicht aus dem Vertrag, den er mit der Partei eingegangen hat. Die Beurkundung eines Kaufvertrags und einer Auflassung gehören zu den Amtspflichten, ebenso die Einreichung der Urkunden beim Grundbuchamt, die mit der Beurkundung im Zusammenhang steht. Stellt sich die in ihrer Gesamtheit zu betrachtende Tätigkeit des Notars als Amtshandlung dar, so kann nicht ein Teil von ihr als eine nichtamtliche Tätigkeit angesehen werden. Hiernach war der Angeklagte nur als Beamter tätig geworden. Das schloß die Annahme einer Untreue dann nicht aus, wenn er kraft seiner Stellung befugt war, über das Vermögen des Verkäufers und des Käufers zu verfügen, oder wenn ihm auf Grund seiner Stellung oder eines tatsächlichen Treuverhältnisses die Pflicht oblag, deren Vermögensinteressen wahrzunehmen. Der erste Fall traf nicht zu. Nach § 15 GBO. galt der Angeklagte wohl als ermächtigt, im Namen eines Antragsberechtigten die Eintragung zu beantragen; darin lag aber nur die Befugnis, den Anstoß zu der Eintragung zu geben, nicht jedoch die Berechtigung, die erforderlichen Erklärungen für die Beteiligten abzugeben und so auf ihr Vermögen einzuwirken. Auf Grund seines Amtes war der Angeklagte dem Verkäufer wie dem Käufer gegenüber verpflichtet, die erforderlichen Maßnahmen zur Erfüllung des Kaufvertrags nach der grundbuchrechtlichen Seite zu ergreifen und damit ihre Vermögensinteressen wahrzunehmen. Dadurch, daß er Schritte unternahm, um die grundbuchrechtliche Erledigung des Kaufvertrags zu hintertreiben, verletzte er die ihm als Notar gegenüber den Parteien obliegende Treupflicht. Daß er den Umschreibungsantrag noch nicht stellen konnte, weil die Grunderwerbsteuer nicht bezahlt war, machte nichts aus. Auf Grund des Auftrags, der ihm erteilt war, hatte der Angeklagte dafür zu sorgen, daß der Käufer als Eigentümer des Grundstücks eingetragen wurde. Er handelte dieser Verpflichtung zuwider, indem er den Makler auf eine Möglichkeit hinwies, die grundbuchrechtliche Erledigung des Kaufvertrags zu hintertreiben. Der äußere Tatbestand der Untreue war dadurch erfüllt. Die Aufhebung des Urteils erfolgte wegen Zweifeln hinsichtlich des inneren Tatbestands; die Frage, ob der Angeklagte nicht etwa der Meinung war, er dürfe als Rechtsanwalt den Makler gegen den Verkäufer verbeistanden, war in dem Urteil nicht ausreichend behandelt. Wenn der Angeklagte hierüber sich im Irrtum befand, lag keine strafbare Untreue vor. Auch die Verurteilung des Angeklagten wegen Bestechung konnte nicht aufrechterhalten werden. Zur Erfüllung des Tatbestands genügt zwar schon ein Fordern von Vorteilen, aber nur, wenn es für eine Amtshandlung erhoben wird. Das traf im vorliegenden Falle nicht zu; es fehlte vielmehr jede erkennbare Beziehung zu einer Amtshandlung. Privathandlungen, wie die Erstattung eines Gutachtens durch einen Beamten, werden auch dann nicht zu Amtshandlungen, wenn sie unter Verletzung einer Amts- oder Dienstpflicht vorgenommen werden. (II, 20. Februar 1936.)

Amtl. Sammlg. S. 166—173.

Vgl. Bd. 2 S. 129; Bd. 16 S. 42; Bd. 19 S. 22; Bd. 28 S. 424; Bd. 36 S. 66; Bd. 37 S. 354; Bd. 39 S. 193; Bd. 51 S. 87; Bd. 61 S. 228; Bd. 69 S. 393; RGZ. Bd. 85 S. 409; Bd. 93 S. 68; Bd. 95 S. 214; Bd. 111 S. 296; Bd. 117 S. 195; JW. 1930 S. 753.

51. **Ehebruch. Beleidigung. Entsprechende Anwendung. Gesetzeslücke.** (StGB. §§ 2, 172; StPO. § 347 a.) Das Berufungsgericht hatte von der Anklage wegen Ehebruchs freigesprochen mit der Begründung, daß die Angeklagten zwar geschlechtlichen Verkehr miteinander gepflogen hätten, daß es aber zum Vollzug des Beischlafs nicht gekommen sei. Die Staatsanwaltschaft legte Revision ein und beantragte Entscheidung durch das Reichsgericht, da auf den vom Landgericht festgestellten Sachverhalt § 172 StGB. anzuwenden sei. Begründet war das Rechtsmittel damit, daß die Auslegung, die das Land-

gericht der Vorschrift gegeben habe, mit den Anschauungen unvereinbar sei, die heute im nationalsozialistischen Staat über die Reinhaltung der Ehe gelten; das gesunde Volksempfinden verlange die Bestrafung der Angeklagten, zum mindesten in Anwendung des § 2 StGB. eine angemessene Bestrafung aus § 172 StGB. Das Reichsgericht lehnte es ab, diesem Gedankengang zu folgen. Ehebruch liegt nur bei Vol'zug des Beischlafs, nicht aber auch bei sonstigem unzüchtigen Verkehr vor. Es handelt sich um einen von jeher feststehenden Begriff, unter dem jeder, auch der einfache Volksgenosse einen ganz bestimmten, nicht einengbaren, aber auch nicht ausweitbaren Vorgang versteht. Auch die Rechtssicherheit verbietet es, geschlechtliche Abirrungen anderer Art dem Ehebruch gleichzustellen. Der Anwendung des § 2 StGB. auf den vorliegenden Fall stand schon im Wege, daß die Vorschrift erst am 1. September 1935 in Kraft trat, während die Tat vorher begangen war. Die entsprechende Anwendung des § 172 hätte aber auch dann abgelehnt werden müssen, wenn die Tat später verübt worden wäre. § 2 StGB. will das Gericht in die Lage setzen, unbeabsichtigte Lücken des Gesetzes zu schließen und Fälle zu erfassen, auf die der Wortlaut des Gesetzes nicht zutrifft, die der Gesetzgeber vermutlich aber mit hätte treffen wollen, wenn er bei Abfassung des Gesetzes an sie gedacht hätte. Dagegen gestattet die Vorschrift nicht, die Grenzen zu überschreiten, die der Gesetzgeber bewußt der Anwendung einer Strafvorschrift gezogen hat. So lag der Fall hier. Das ergibt sich schon daraus, daß eine Erweiterung des Tatbestandes auch für die Zukunft nicht beabsichtigt ist. Das Landgericht hatte aber nicht geprüft, ob das Verhalten der Angeklagten nicht als Beleidigung des Ehemanns strafbar war. Der Strafantrag, den er gestellt hatte, wurde in seiner Wirksamkeit für diesen Fall nicht dadurch beeinträchtigt, daß er die Tat als Ehebruch bezeichnete; ebenso hinderte die Beschränkung des Strafantrags auf die geschiedene Ehefrau nicht, auch gegen den Mitschuldigen vorzugehen. Die Ehre des Ehemanns wird verletzt, wenn die Ehre der Ehefrau, sei es auch mit ihrem Einverständnis und daher ihr gegenüber straffrei, angetastet wird. Die Sache wurde zurückverwiesen. (IV, 27. März 1936.)

Amtl. Sammlg. S. 173—176.

Vgl. Bd. 14 S. 212; Bd. 25 S. 199; Bd. 39 S. 60; Bd. 54 S. 288; Bd. 65 S. 1, 354; Bd. 70 S. 94.

52. **Geisteskranker Angeklagter. Gesetzliche Vertretung. Sicherungsverfahren. Unterbringung.** (StPO. §§ 80 a, 81, 140, 205, 246 a, 338, 429 a, 429 c.) Gegen einen geisteskranken Angeklagten wurde im selbständigen Sicherungsverfahren die Unterbringung in einer bestimmten Heilanstalt angeordnet. Sein Verteidiger rügte, daß für das Verfahren kein gesetzlicher Vertreter bestellt worden sei. Das Reichsgericht erklärte das nicht für nötig. Auch gegen einen geisteskranken Angeklagten kann eine Hauptverhandlung durchgeführt werden, wenn sein Zustand erlaubt, daß mit ihm strafrechtlich verhandelt werden kann; die Bestellung eines gesetzlichen Vertreters ist nicht erforderlich, da es sich um die strafrechtliche Verhandlungsfähigkeit, nicht um die Prozeßfähigkeit des bürgerlichen Verfahrensrechts handelt. Fehlt die Verhandlungsfähigkeit, so ist das Verfahren regelmäßig vorläufig einzustellen. Für das selbständige Sicherungsverfahren ist auch von diesem Erfordernis abzusehen; demgemäß braucht dem Angeklagten auch kein gesetzlicher Vertreter bestellt zu werden. Hat er schon einen solchen, so ist dieser von dem Verhandlungstermin zu benachrichtigen. Dem Schutz des Angeklagten dienen in ausreichendem Maße die Vorschriften über die Zuziehung eines Sachverständigen im vorbereitenden Verfahren, über die Zuziehung eines Arztes zur Hauptverhandlung, über die notwendige Verteidigung, über die Vernehmung des Angeklagten. Unrichtig war, daß das Gericht die Anstalt von sich aus bestimmt hatte; das Urteil hat nur auf Unterbringung in einer Heil- oder Pflegeanstalt zu lauten. (V, 30. März 1936.)

Amtl. Sammlg. S. 176—177.

53. **Straßenverkehrsordnung. Ausführungsanweisung. Rechtsverordnung. Erfolgsgrundsatz. Entsprechende Anwendung. Gesetzesauslegung.** (StrVerkO. §§ 25, 36· AusfAnwzStrVerkO. 25; StGB. § 2; StPO. § 347 a.) Zwei Männer schoben, auf ihren Fahrrädern sitzend, einen mit Holz beladenen Karren auf der Straße vor sich her. Daß dadurch Verkehrsteilnehmer gefährdet, belästigt oder behindert wurden, war nicht festzustellen. Das Gericht erklärte deshalb § 25 StrVerkO. für unanwendbar, verurteilte aber die beiden Angeklagten unter Anwendung des

§ 2 StGB. auf Grund der Ausführungsanweisung zu § 25 StrVerkO., die es verbietet, Handwagen an Fahrräder anzubinden. Die Revision der Angeklagten wurde auf Antrag des Staatsanwalts dem Reichsgericht vorgelegt zum Zwecke der Entscheidung, ob § 2 StGB. zu Unrecht angewendet worden sei. Das Reichsgericht erkannte auf Freisprechung. Die Rechtsanwendung muß zum Ausgangspunkt das Gesetz in der Form nehmen, in der es vorliegt; Zweifel, die hierbei offen bleiben, können aus dem Zweck, den das Gesetz verfolgt, und aus dem erkennbaren Willen des Gesetzgebers gelöst werden. Die in der Ausführungsanweisung zu § 25 StrVerkO. enthaltenen Vorschriften sind ganz verschiedenartig; ein Teil von ihnen stellt ausdrücklich darauf ab, welche Wirkung das gebotene oder verbotene Verhalten auf andere Verkehrsteilnehmer hat (Anwendungsfälle des Erfolgsgrundsatzes). Bei anderen ist eindeutig davon abgesehen, die Strafbarkeit der Zuwiderhandlungen von dem Eintritt einer solchen Folge abhängig zu machen. Das trifft für das in Nr. V Abs. 5 der Ausführungsanweisung zu § 25 StrVerkO. ausgesprochene Verbot zu, Handwagen an Fahrräder anzubinden. Der Gedankengang ist dieser: Nach der Straßenverkehrsordnung soll auf jeden Fall bestraft werden, wer durch verkehrswidriges Verhalten eine der in § 25 erwähnten Folgen herbeiführt; um es aber zum Eintritt dieser Folgen nach Möglichkeit gar nicht kommen zu lassen, stellt die Ausführungsanweisung eine Reihe von Verkehrswidrigkeiten selbständig unter Strafe, die erfahrungsgemäß eine Gefährdung und Belästigung anderer mit sich zu bringen pflegen, bei denen ein solcher Erfolg also vermutet wird und im Einzelfalle nicht erst eines besonderen Nachweises bedürfen soll. Damit überschritt die Ausführungsanweisung den ihr gesteckten Rahmen nicht; die Strafbarkeit von Zuwiderhandlungen gegen ihre Vorschriften ergibt sich aus § 36 StrVerkO. Die Gefahr kleinlicher Behinderung des Verkehrs durch untergeordnete Polizeiorgane ist vom Standpunkt der Verkehrsbelange aus jedenfalls leichter zu tragen als der Verzicht auf wirksame Unterbindung verkehrsschädlichen, andere Verkehrsteilnehmer und die Allgemeinheit nicht achtenden Verhaltens Einzelner, dem nun einmal vielfach nicht anders als im Strafwege beizukommen ist. Eine Bestrafung aus

§ 25 StrVerkO. war hiernach mit Recht abgelehnt worden, weil eine Schädigung, Behinderung oder Belästigung anderer Verkehrsteilnehmer nicht nachgewiesen war. Das Verbot, Handwagen an Fahrräder anzubinden, konnte nicht auf den vorliegenden Fall ausgedehnt werden; der Kreis jener Gefährdungsstraftaten, die sich als Ausnahmen darstellen, gestattet keine Ausdehnung über die ausdrücklich geregelten Fälle hinaus, auch nicht auf Grund des § 2 StGB. (I, 24. März 1936.)

Amtl. Sammlg. S. 177—186.

54. **Wiedereinsetzung. Unabwendbarer Zufall. Verschulden des Verteidigers.** (StPO. § 44; ZPO. § 232.) Ein Schwurgerichtsurteil wurde dem mit Zustellungsvollmacht versehenen Verteidiger des Angeklagten, einem Rechtsanwalt, zu Händen seines Kanzleigehilfen an einem Donnerstag zugestellt. Da der Rechtsanwalt an diesem Tage stark beschäftigt war, am folgenden Tage aber einen auswärtigen Termin wahrzunehmen hatte, bekam er das Urteil erst am Samstag zu Gesicht. Als er in der folgenden Woche mit der Ausarbeitung der Revisionsbegründung begann, teilte ihm der Kanzleigehilfe auf Befragen unrichtigerweise mit, das Urteil sei am Freitag zugestellt worden. Er reichte die Revisionsbegründung erst am Freitag ein. Die Revision wurde als unzulässig verworfen. Das Gesuch um Wiedereinsetzung in den vorigen Stand hatte Erfolg. Als unabwendbarer Zufall ist ein Ereignis zu verstehen, das unter den gegebenen, nach der Besonderheit des Falles zu berücksichtigenden Umständen auch durch die äußerste, diesen Umständen angemessene und vernünftigerweise zu erwartende Sorgfalt weder abzuwehren noch in seinen schädlichen Folgen zu vermeiden ist. Darnach fallen unter den Begriff des unabwendbaren Zufalls auch solche Vorkommnisse, die auf menschlicher Tätigkeit beruhen oder mitberuhen, für die aber jede Verantwortlichkeit des davon Betroffenen vernünftigerweise abzulehnen ist. Dementsprechend wird anerkannt, daß in dem amtlichen Verschulden einer Behörde oder eines Beamten, durch das die Fristwahrung vereitelt wird, ein die Wiedereinsetzung rechtfertigender Zufall zu sehen ist, sofern kein eigenes Mitverschulden des Handlungspflichtigen die Versäumung der Frist mitverursacht hat. Für das Gebiet des bürgerlichen Rechtsstreits gilt die einschränkende Vorschrift,

daß eine Versäumung, die in dem Verschulden eines Vertreters ihren Grund hat, nicht als unverschuldet angesehen wird. Im Anschlusse hieran war auch für das Strafverfahren der Grundsatz aufgestellt worden, daß ein Verschulden des Verteidigers für den Angeklagten keinen die Wiedereinsetzung begründenden unabwendbaren Zufall darstellt. Eine Ausnahme hiervon wurde insofern gemacht, als das Verschulden eines bestellten Verteidigers, durch das ohne eigenes Verschulden des Angeklagten eine Fristversäumnis herbeigeführt worden ist, als Wiedereinsetzungsgrund anerkannt wurde. Nunmehr entschied das Reichsgericht, daß kein ausreichender Grund vorliege, zwischen bestellten Verteidigern und Wahlverteidigern zu unterscheiden. Ein Angeklagter, der einmal aus der Zahl der staatlich zugelassenen Rechtsanwälte einen Verteidiger gewählt hat, befindet sich in einer durchaus ähnlichen Lage wie ein Angeklagter, der den ihm bestellten Verteidiger damit betraut, die Revisionsbegründung einzureichen, obwohl er berechtigt wäre, sie selbst zur Niederschrift des Urkundsbeamten der Geschäftsstelle zu erklären, ohne einen Verteidiger in Anspruch zu nehmen. Wie der eine durch die vorausgegangene Bestellung auf den ihm bestellten Verteidiger, so ist der andere durch die staatliche Zulassung der Rechtsanwälte auf den für ihn in Betracht kommenden Kreis von Anwälten hingewiesen, deren Fähigkeit und Zuverlässigkeit er regelmäßig nicht prüfen kann. Auch das Verschulden eines gewählten Verteidigers, durch das die Versäumung einer Frist bewirkt wurde, ist darum für den Angeklagten ein unabwendbarer Zufall, wenn er nicht selbst durch sein eigenes Verschulden die Versäumung mitverursacht hat. Ein Verschulden der Angestellten des Verteidigers ist dann ein unabwendbarer Zufall, wenn sowohl der Angeklagte als der Verteidiger auch bei Anwendung der größten, nach den Umständen zu verlangenden Vorsicht außerstande war, es zu verhindern, nicht aber dann, wenn der Verteidiger durch gehörige Auswahl, Anleitung und Überwachung die Versäumnis hätte verhindern können. Für einen Verteidiger in Strafsachen ist die Prüfung des Beginns der Fristen für Einlegung und Begründung der Revision eine so wichtige Angelegenheit, daß er die Prüfung selbständig unter eigener Verantwortung vornehmen muß und sie nicht völlig seinen Angestellten überlassen darf. Es wäre aber eine außerordentliche Härte, wenn ein möglicherweise unschuldiger Angeklagter an seinem Kampfe für Ehre und Freiheit durch ein für ihn nicht abwendbares Verschulden eines Verteidigers gehindert würde. (I, 7. April 1936.)

Amtl. Sammlg. S. 186—192.

Vgl. Bd. 2 S. 271; Bd. 8 S. 508; Bd. 10 S. 74; Bd. 35 S. 109; Bd. 40 S. 118; RGZ. Bd. 46 S. 409; Bd. 71 S. 322; Bd. 96 S. 322; JW. 1929 S. 1887.

55. Straffreiheit. Rechtsmittel. (StrafFreihG. § 2.) Das Landgericht hatte den Angeklagten für schuldig erachtet, aber auf Grund der Annahme, daß keine höhere Strafe als 6 Monate Gefängnis zu erwarten sei, das Verfahren eingestellt. Er legte Revision ein und führte aus, daß er bei richtiger Anwendung des sachlichen Rechts hätte freigesprochen werden müssen. Das Reichsgericht erklärte das Rechtsmittel für zulässig. Im Bereich der Wirksamkeit des Straffreiheitsgesetzes war es allerdings nicht möglich, das angefochtene Urteil aufzuheben und die Sache zu neuer Prüfung zurückzuverweisen. Wenn nach der Auffassung des Revisionsgerichts die Frage der strafrechtlichen Schuld nicht klar war, vielmehr noch weiterer Aufklärung bedurfte, mußte es bei der Einstellung verbleiben. Es kann aber Fälle geben, in denen es nötig ist, die Hauptverhandlung vollständig durchzuführen, um prüfen zu können, ob das Straffreiheitsgesetz anwendbar ist. In solchen Fällen, in denen also keine weitere Klärung durch den Tatrichter mehr möglich ist, kann die Frage Bedeutung gewinnen, ob auch dann auf Einstellung zu erkennen ist, wenn bei zutreffender sachlich rechtlicher Würdigung des Sachverhalts auf Freisprechung erkannt werden muß. Daß in solchen Fällen der Angeklagte durch die Einstellung des Verfahrens beschwert ist, kann nicht zweifelhaft sein. Bisher hielt das Reichsgericht daran fest, daß auf Grund des Straffreiheitsgesetzes auch in solchen Fällen nur einzustellen sei. Diese Auffassung wurde nunmehr aufgegeben. Ein Verbot, in solchen Fällen auf Freisprechung zu erkennen, ist im Gesetz nicht enthalten und kann auch aus dem Zweck des Gesetzes nicht abgeleitet werden. Die Einstellung des Verfahrens ist nur für den Fall vorgesehen, daß Strafen innerhalb bestimmter Höchstgrenzen zu erwarten sind. Liegt überhaupt keine Straftat vor, so ist auch keine Strafe zu erwarten. Gleichwohl entspricht es dem Zweck des Gesetzes, daß es in zahlreichen Fällen nicht zu einer endgültigen Klärung der Frage kommen soll. Das gilt auch für Fälle, in denen es verfahrensrechtlich bereits ohne eine Hauptverhandlung zur Einstellung kommen kann und vielfach kommt. Unbilligkeiten, die dadurch für den Betroffenen entstehen, sind als unvermeidlich hinzunehmen. Nicht gleichzustellen sind aber die Fälle, in denen auf Grund der Hauptverhandlung bei sachlich rechtlicher Würdigung das Fehlen einer Straftat feststeht. Hier besteht kein zwingender Grund, auf Einstellung und nicht auf Freisprechung zu erkennen. Eine solche Sachbehandlung ist auch deshalb abzulehnen, weil ihr die Auffassung des nationalsozialistischen Staates von der Ehre der Gemeinschaft und der Ehre des einzelnen Volksgenossen in der Gemeinschaft entgegensteht. (I, 24. März 1936.) Amtl. Sammlg. S. 193—197.

Vgl. Bd. 69 S. 124, 157.

56. **Unzucht. Mann.** (StGB. § 175 a.) Ein Handwerker, der mit einem 14jährigen Lehrling Unzucht getrieben hatte, wurde wegen eines Verbrechens gegen die §§ 175 a Nr. 2 und 3, 73 StGB. verurteilt. Die Revision, die darauf gestützt war, daß § 175 a Nr. 2 nicht hätte angewendet werden dürfen, hatte keinen Erfolg. Sie war damit begründet, daß diese Vorschrift nur die Unzucht zwischen zwei erwachsenen Männern unter Strafe stellt; männliche Personen unter 21 Jahren könnten nicht als Männer im Sinne der Vorschrift angesehen werden. Das Reichsgericht betonte demgegenüber, daß der Gesetzgeber sich zu der Vorschrift veranlaßt gesehen habe, um das deutsche Volk sittlich gesund zu erhalten, und daß er in erster Linie das in besonderem Maße gefährdete sittliche Wohl der Jugend habe schützen wollen. Nach der in der Revision vertretenen Auffassung würde eine noch nicht 21 Jahre alte männliche Person, die mit einer gleichalterigen Person unter Ausnutzung eines Abhängigkeitsverhältnisses Unzucht beginge, nicht strafbar sein. (IV, 27. März 1936.) Amtl. Sammlg. S. 197—199.

Vgl. Bd. 53 S. 130.

57. **Unzucht. Verführung. Versuch.** (StGB. §§ 43, 175 a.) Gegen die Verurteilung wegen Verführung eines

Minderjährigen zur Unzucht wurde eingewendet, daß der Minderjährige selbst gleichgeschlechtlich veranlagt und schon sittlich verdorben gewesen sei. Das führte zur Aufhebung des Urteils. Der Begriff der Verführung ist dem der Verleitung nahe verwandt. Es gehört dazu, daß der Täter irgendwie auf den Willen des Minderjährigen einwirkt, um diesen zur Unzucht, die er an sich nicht will, geneigt zu machen, und dabei die geschlechtliche Unerfahrenheit oder geringere Widerstandskraft des Minderjährigen ausnutzt. Von Verführung kann nicht die Rede sein, wenn der Minderjährige ohne Beeinflussung seines Willens zur Unzucht bereit gewesen ist und sich dazu ohne weiteres preisgegeben hat. Daß er unbescholten gewesen sei, wird allerdings nicht verlangt. Möglicherweise kam Bestrafung wegen Versuch in Frage. Zur Strafbarkeit wegen Versuchs genügt, daß der Täter damit gerechnet hat, der Minderjährige werde nicht ohne weiteres zur Unzucht bereit sein, und demgemäß den Willen, in diesem Sinne auf ihn einzuwirken, betätigt hat. (III, 2. April 1936.)

Amtl. Sammlg. S. 199—200.

58. **Meineid. Versuch. Schlechterstellung.** (StGB. §§ 43, 44, 153, 161; ZPO. § 398.) Ein Zeuge wurde wiederholt vernommen; bei der zweiten Vernehmung ließ ihn der Richter statt der wiederholten Vereidigung die Richtigkeit seiner Aussage unter Berufung auf den früher geleisteten Eid versichern. Die letzte Aussage war unwahr. Das Schwurgericht verurteilte wegen versuchten Meineids. Das Reichsgericht entschied, daß vollendeter Meineid vorliege, und verwies die Sache zurück, obwohl nur der Angeklagte Revision eingelegt hatte. Die Berufung auf den früheren Eid wäre nur dann unzulässig gewesen, wenn der Zeuge über ganz neue Fragen vernommen worden wäre; dagegen macht es für die Anwendung der Vorschrift keinen Unterschied, ob der Zeuge nochmals gerade über die Tatsachen, die den Gegenstand der früheren Beweisaufnahme gebildet haben, oder über andere damit in Verbindung stehenden Tatsachen oder endlich über Umstände vernommen werden soll, die sich auf seine persönlichen Verhältnisse beziehen. Da anzunehmen war, daß wegen des vollendeten Meineids eine schwerere Strafe verhängt würde, und das Verbot der Schlechterstellung

nicht mehr gilt, wurde die Sache zurückverwiesen. (II, 27. April 1936.) Amtl. Sammlg. S. 200—201.
Vgl. Bd. 48 S. 391; JW. 1884 S. 111.

59. Diebstahl. Bedingter Vorsatz. Versuch. Vorbereitungshandlung. Sicherungsverwahrung. (StGB. §§ 20a, 43, 242.) In der Absicht, einen Diebstahl auszuführen, schlich sich ein Mann in ein Haus ein; er wurde aber alsbald entdeckt und vertrieben. Die Verurteilung wegen versuchten Diebstahls wurde vom Reichsgericht bestätigt. Zur Annahme eines versuchten Diebstahls genügt es, daß der Täter mit dem Willen, fremde Sachen an sich zu bringen, den Gewahrsam des Inhabers beeinträchtigt oder gefährdet hat. Wenn das der Fall ist, ist im wesentlichen Sache der tatsächlichen Würdigung. Der Umstand, daß der Angeklagte seinen Diebstahlsvorsatz noch nicht auf bestimmte einzelne Sachen gerichtet hatte, als er bemerkt wurde, machte nichts aus; es genügte, daß der Wille des Angeklagten festgestellt war, zu stehlen, was er brauchbar finden würde. Ein bloß bedingter Wille reicht allerdings zur Begehung einer vorsätzlichen Straftat niemals aus, wohl aber kann das Wissen um die Tatumstände bedingt sein. Der Angeklagte war als gefährlicher Gewohnheitsverbrecher anerkannt worden; das Landgericht hatte aber von der Anordnung der Sicherungsverwahrung abgesehen, weil schon in einer anderen Sache rechtskräftig gegen den Angeklagten auf Sicherungsverwahrung erkannt war. Das hinderte aber nicht, die Maßnahme erneut zu verhängen; es ließ sich nicht mit Sicherheit voraussehen, ob nicht die anderweite rechtskräftige Verurteilung wegfiel. Die mehrfache Anordnung von Sicherungsverwahrung hat auch den guten Sinn, daß der Verurteilte nur dann aus der Sicherungsverwahrung entlassen werden darf, wenn beide Vollstreckungsgerichte die Entlassung übereinstimmend anordnen. Ob die Maßnahme auf Grund beider Urteile oder nur auf Grund eines von ihnen vollstreckt wird, ist dabei gleichgültig, da die zweite Anordnung jedenfalls dann wirksam wird, wenn die erste in Wegfall kommt. (III, 2. Mai 1936.) Amtl. Sammlg. S. 201—204.
Vgl. Bd. 53 S. 129; Bd. 54 S. 42, 182, 254; DRZ. 1935 Nr. 540.

60. Betrug. Mittäterschaft. Untreue. Strafantrag. (StGB. §§ 47, 65, 263, 266.) Ein Mann war wegen

Geistesschwäche entmündigt. Er besaß ein Vermögen von etwa 14000 *RM*. Das Vormundschaftsgericht hatte angeordnet, daß ihm und seiner Familie, die aus der Frau und einem Kinde bestand, monatlich 135 *RM* ausbezahlt werden sollten. Im Einverständnis mit dem Mann erzielte die Frau durch unwahre Vorspiegelungen gegenüber dem Vormund, daß ihr für einen Monat zweimal 135 *RM* ausbezahlt wurden; den erschwindelten Betrag verbrauchte sie für Lebensmittel und Kleider. Das Landgericht fand in ihrem Verhalten weder den Tatbestand des Betrugs noch jenen der Untreue gegeben. Das Reichsgericht verwies die Sache zurück. Von einem Betrug zum Schaden des Ehemanns konnte allerdings schon deshalb keine Rede sein, weil dieser als Mittäter gehandelt hatte. Voraussetzung für eine Verurteilung wegen Betrugs ist, daß der Schädiger und der Geschädigte verschiedene Personen sind; trifft auch nur bei einem Mittäter beides zusammen, so kann keiner der Mittäter wegen Betrugs bestraft werden. Daß der Ehemann keinen Strafantrag gestellt hatte, war hiernach belanglos. Ein Betrug gegen den Vormund lag nicht vor, da dieser wohl der Getäuschte, aber nicht der Verletzte war; auch wenn er schadenersatzpflichtig gewesen wäre, hätte der Angeklagten der Vorsatz (selbst der bedingte Vorsatz) einer Schädigung oder Gefährdung seines Vermögens nicht nachgewiesen werden können. Zu Unrecht war aber das Vorliegen einer strafbaren Untreue verneint worden. Als Untreue ist auch die Verletzung einer auf Gesetz oder auf einem Treuverhältnis beruhenden Pflicht, fremde Vermögensinteressen wahrzunehmen, mit Strafe bedroht, auch wenn der Täter keine Vollmacht hat, über das fremde Vermögen zu verfügen. Eheleute sind durch das eheliche Treuverhältnis verpflichtet, einander vor Schaden zu bewahren. Unter besonderen Umständen, wie sie hier infolge der Geistesschwäche des Ehemanns gegeben waren, wird diese Treupflicht zu einer vom Strafrecht erfaßten Rechtspflicht; das kann auch für sonstige Angehörige eines Entmündigten, selbst für eine Haushälterin zutreffen. Da die Angeklagte in geschäftlichen Dingen mit dem Vormund zusammenarbeitete, hatte sie die Möglichkeit, auf das Vermögen des Mannes einzuwirken. Hier bestand sonach ein Treuverhältnis, das der Frau die Rechtspflicht auferlegte, die Vermögensinteressen das

Mannes wahrzunehmen. Der Nachteil, der dem Ehemann zugefügt wurde, bestand darin, daß sein nicht großes Vermögen durch Ausgaben vermindert wurde, die nicht im Einverständnis mit dem Vormundschaftsgericht gemacht wurden; diese Beträge wurden seinem Vermögen zweckwidrig entzogen. In dieser Hinsicht konnte der Mann nicht Mittäter sein; seine Mitwirkung war also für die rechtliche Beurteilung der Untreue ohne Einfluß. Ob die Untreue schon in dem Ablocken des Geldes oder erst in dessen Ausgeben lag, konnte dahingestellt bleiben. Gleichwohl konnte die Angeklagte nicht bestraft werden, weil kein Strafantrag vorlag. Das Gesetz enthält allerdings keine Vorschrift, daß Untreue unter Ehegatten nur auf Antrag des Verletzten verfolgt werden soll; die Gesichtspunkte, die für das Verlangen eines Strafantrags bei Betrug unter Ehegatten maßgebend sind, treffen aber auch hier zu. Es muß also als der Wille des Gesetzgebers angesehen werden, daß Verfehlungen der Ehegatten gegeneinander auch unter dem Gesichtspunkt der Untreue nur auf Antrag des verletzten Ehegatten verfolgt werden dürfen. (III, 2. Mai 1936.)

Amtl. Sammlg. S. 205—209.

Vgl. Bd. 34 S. 98.

61. Mitgliedbuch. Öffentliche Urkunde. Legitimationspapier. Fortgesetzte Handlung. (StGB. §§ 267, 268, 270, 363; RG. vom 1. Dezember 1933.) Das Mitgliedsbuch der NSDAP. ist jedenfalls seit dem Inkrafttreten des Gesetzes zur Sicherung der Einheit von Partei und Staat vom 1. Dezember 1933 an als öffentliche Urkunde anzusehen. Durch das Gesetz wurde die Partei in eine Körperschaft des öffentlichen Rechts umgewandelt; auch die Mitgliedsbücher der Partei haben dadurch ein öffentliches Gepräge erhalten. Sie sind keine Legitimationspapiere, denn sie sollen dem Inhaber in erster Linie als Beweismittel dafür dienen, daß er ein bestimmtes Recht, die Mitgliedschaft bei der Partei, erworben hat. Die Verfälschung eines Mitgliedbuchs durch Änderung der Nummer und des Eintrittstages waren somit als Urkundenfälschung nach § 267 StGB. zu beurteilen. Daß der Täter von dem gefälschten Buch in der Folge Gebrauch machte, gab keinen Anlaß, sein Verhalten auch unter § 270 StGB. zu nehmen; es lag darin nur eine Art Fortsetzung der Fälschung, bei welcher der Angeklagte schon den Vorsatz gefaßt hatte, durch wiederholten Gebrauch des Mitgliedbuchs den Anschein zu erwecken, als sei er der Partei schon im Jahre 1929 beigetreten. (V, 7. Mai 1936.) Amtl. Sammlg. S. 210—212. Vgl. Bd. 3 S. 212; Bd. 15 S. 290; Bd. 69 S. 357; RMZ. Bd. 6 S. 173.

62. **Diebstahl. Betrug. Gegenstand der Anklage. Schlechterstellung.** (StGB. §§ 242, 263; StPO. §§ 264, 358.) Eine Frau entwendete eiserne Träger, die auf einer Baustelle lagerten; andere Träger, die sie wegen ihrer Länge nicht fortschaffen konnte, verkaufte sie an einen gutgläubigen Erwerber mit der falschen Angabe, sie seien ihr Eigentum. Der Käufer fuhr sie weg und zahlte ihr den verlangten Preis. Das Landgericht verurteilte sie wegen der ersten Tat, lehnte aber eine Prüfung der zweiten Tat ab, weil diese nicht Gegenstand des Verfahrens sei. Das Reichsgericht verwies die Sache zurück. Zum Tatbestand des Diebstahls gehört nicht, daß der Täter die fremde Sache selbst wegnimmt; er kann sich hierfür auch einer anderen Person als Mittler bedienen. Zum mindesten hätte das Landgericht untersuchen müssen, ob sich die Angeklagte nicht des Betrugs schuldig gemacht hatte. Gegenstand der Anklage ist der ganze geschichtliche Vorgang, der dem Eröffnungsbeschluß zugrunde liegt, wie er sich nach dem Ergebnis der Hauptverhandlung der natürlichen Auffassung darstellt. Die Vorspiegelung der Angeklagten, sie sei Eigentümerin der Träger, war ein Teil der Wegnahmehandlung, da die Angeklagte durch die Täuschung des Käufers das Mittel zur Wegnahme schuf und anwendete; sie war aber auch ein Merkmal des Betrugs. Hiernach konnte Diebstahl in Tateinheit mit Betrug vorliegen. Obwohl die Angeklagte durch den Fehler nicht beschwert war und nur sie selbst Revision eingelegt hatte, wurde das Urteil aufgehoben, zumal die Angeklagte schon wegen Betrug bestraft war. (V, 12. Mai 1936.) Amtl. Sammlg. S. 212—214.

63. **Gewohnheitsverbrecher. Dritte Tat.** (StGB. § 20 a.) Ein Mann, der wiederholt wegen Diebstahl bestraft worden war, wurde neuerdings wegen Diebstahls und wegen eines Paßvergehens angeklagt. Das Landgericht stellte fest, daß er ein gefährlicher Gewohnheitsverbrecher war. Es fragte sich, ob auch das Paßvergehen mit

Zuchthaus zu bestrafen war. Das Reichsgericht verneinte die Frage. Der Sinn der Vorschrift des § 20a StGB. ist, daß gegenüber einem Täter, der schon zweimal rechtskräftig verurteilt worden ist, die Mindeststrafe von einem Jahr Zuchthaus unter Ausschluß mildernder Umstände für die dritte Tat angedroht wird, wenn die Würdigung dieser dritten Tat in Verbindung mit den beiden vorausgegangenen ergibt, daß nicht nur die Gefahr des Rückfalls besonders nahe liegt, sondern auch, daß in Zukunft von dem Angeklagten eine erhebliche Störung des Rechtsfriedens zu befürchten ist. Hat der Angeklagte als dritte Tat mehrere strafbare Handlungen begangen, so ist jede von ihnen unter diesem Gesichtspunkt besonders zu würdigen. Es würde dem gesunden Rechtsgefühl nicht entsprechen, wenn ein rückfälliger Dieb wegen einer um die gleiche Zeit begangenen Beleidigung zu Zuchthaus verurteilt würde. Fehlt einer solchen Tat die Erheblichkeit, die der Begriff der Gefährlichkeit verlangt, so kommt sie als Rechtsgrundlage für die Strafschärfung nicht in Betracht. (IV, 15. Mai 1936.) Amtl. Sammlg. S. 214—215.

Vgl. Bd. 68 S. 149, 155.

64. **Fahrlässige Körperverletzung. Strafverfügung. Verbrauch der Strafklage. Berufsfahrer.** (StGB. § 230; StrVerkO. §§ 1, 25, 36.) Der Sohn eines Fleischers fuhr regelmäßig einen Lastkraftwagen für Viehtransporte, der seinem Vater gehörte. Als er einmal mit einem Personenwagen seines Vaters eine Vergnügungsfahrt machte, stieß er mit einem Fußgänger zusammen und verletzte ihn. Es erging gegen ihn eine Strafverfügung auf 50 *RM*, an deren Stelle im Falle der Uneinbringlichkeit eine Haftstrafe von 10 Tagen treten sollte. Die Verfügung wurde rechtskräftig. Nachdem er einen Teil der Geldstrafe gezahlt hatte, wurde gegen ihn ein Verfahren wegen fahrlässiger Körperverletzung eingeleitet. Er berief sich darauf, daß durch die Strafverfügung die Strafklage verbraucht worden sei. Mit Recht hatte das Landgericht diesen Einwand nicht beachtet. Eine rechtskräftige polizeiliche Strafverfügung verbraucht die Strafklage nur wegen einer Tat, die zu bestrafen die verfügende Behörde zuständig war und die sie zum Gegenstand der Straffestsetzung gemacht hat oder doch hätte machen dürfen. Das traf für die fahrlässige Körperverletzung nicht zu; die Strafverfügung konnte so-

mit für diese Verfehlung keine Rechtskraft begründen und stand einer gerichtlichen Verfolgung der Tat nicht entgegen. Die spätere gerichtliche Verurteilung wegen fahrlässiger Körperverletzung in Tateinheit mit einer Übertretung der Straßenverkehrsordnung hatte lediglich die Folge, daß die Strafverfügung außer Kraft trat, wenn das Strafurteil rechtskräftig wurde. Die Geldstrafe, die der Angeklagte bezahlt hatte, war nicht auf die gegen ihn erkannte Gefängnisstrafe anzurechnen; es mußte ihm vielmehr überlassen bleiben, sie von der Polizeibehörde zurückzuverlangen. Der Angeklagte war berufsmäßiger Kraftwagenführer. Daß er bei der Tat nicht den Lastkraftwagen lenkte, den er im Geschäfte seines Vaters berufsmäßig führte, sondern einen Personenkraftwagen, änderte nichts an der Tatsache, daß er zu der Aufmerksamkeit, die er vernachlässigte, durch seinen Beruf besonders verpflichtet war. Die berufsmäßige Führung eines Lastkraftwagens und eines Personenkraftwagens stellt einen und denselben Beruf dar, wenn auch die Prüfungen der Fahrer auf den Nachweis ihrer Befähigung zum Führen bestimmter Klassen von Kraftfahrzeugen verschieden sind. Die erhöhte Verpflichtung zur Wahrung der Aufmerksamkeit, zu der man kraft Berufs oder Gewerbes verpflichtet ist, erstreckt sich auf alle Handlungen, die an sich zur Ausübung des Berufs oder Gewerbes gehören, auch wenn sie im Einzelfalle außerhalb der Berufs- oder Gewerbeausübung vorgenommen werden. (II, 20. Mai 1936.)

Amtl. Sammlg. S. 215—218.
Vgl. Bd. 47 S. 307; Bd. 54 S. 234; Bd. 59 S. 269; Bd. 64 S. 430; DRZ. 1930 Nr. 23.

65. Rassenschande. Entsprechende Anwendung. (StGB. § 2; RG. vom 15. September 1935 §§ 2, 5.) Wegen Rassenschande wurde eine Gefängnisstrafe ausgesprochen; auch wurden dem Angeklagten die bürgerlichen Ehrenrechte aberkannt. Das Reichsgericht verwies die Sache zurück. Das Landgericht hatte die Deutschblütigkeit des Angeklagten auf Grund seiner Angabe festgestellt, daß er arischer Abstammung sei. Mit dieser Erklärung durfte das Gericht sich aber nicht begnügen. Sie betraf Rechtsbegriffe, die erst durch das Reichsbürgergesetz vom 15. September 1935, das Gesetz zum Schutz des deutschen Blutes und der deutschen Ehre vom gleichen Tage und die dazu erlassenen Ausführungsverordnungen festgelegt worden sind. Auch der Ausspruch der Nebenstrafe zwang zu einer Aufhebung des Urteils. Da im Gesetz zum Schutz des deutschen Blutes und der deutschen Ehre diese Nebenstrafe nicht ausdrücklich zugelassen ist, hätte sie nur verhängt werden dürfen, wenn die Gefängnisstrafe infolge der Annahme mildernder Umstände an Stelle einer Zuchthausstrafe ausgesprochen worden wäre. Das traf nicht zu; § 5 des Gesetzes spricht nicht von mildernden Umständen, sondern sieht als Strafe an erster Stelle Gefängnis und an zweiter Stelle Zuchthaus vor. § 2 StGB. läßt zwar bei einer nach dem geschriebenen Recht straflosen Tat die entsprechende Anwendung eines Strafgesetzes zu, falls sein Grundgedanke auf die Tat zutrifft; er gibt aber nicht die Befugnis, für eine nach dem Gesetz strafbare Tat im Wege der entsprechenden Anwendung eine besondere Strafe oder Ehrenstrafe zu verhängen. (II, 25. Mai 1936.)

Amtl. Sammlg. S. 218—220.

66. Jagdvergehen. (StGB. §§ 292, 293; RJagdG. § 60.) Zwei Männer wurden betreten, als sie suchend an einem Waldrand entlang gingen; der eine von ihnen führte Rehschlingen mit sich. Ihre Verurteilung wegen schweren Jagdvergehens wurde bestätigt. Schon nach früherem Recht war ein vollendetes Jagdvergehen in einem Falle angenommen worden, da der Täter erst mit der Aufstellung von Schlingen begonnen hatte, ebenso in einem Falle, da der Täter, mit Schlingen ausgerüstet, die zum Legen geeigneten Stellen in fremdem Jagdgebiet aufsuchte. Die neuen Gesetze wollen den Schutz der Jagd verstärken. Bei der Wilderei unter Anwendung von Schlingen ist zu beachten, daß eine Aussicht auf Erfolg nur besteht, wenn die Schlingen an solchen Stellen gelegt werden, die das Wild regelmäßig begeht. Schon mit der Aufsuchung solcher Stellen schafft der Schlingenleger die notwendige räumliche Beziehung zum Wilde, auf dessen Besitzergreifung er es abgesehen hat. Das Feststellen der geeigneten Stellen und das Legen der Schlingen bilden nach der natürlichen Betrachtungsweise ein zusammengehöriges Ganzes, so daß die beiden Einzeltätigkeiten zusammen schon einen unmittelbaren Angriff auf das geschützte Rechtsgut, die Pflege und Erhaltung von Wild und Jagd, ausmachen. Die neue Fassung des § 292 StGB.

bedroht schon mit Strafe, wenn dem Wilde unter Verletzung fremden Jagdrechts nachgestellt wird; diese Tätigkeit, die im Verhältnis zum Fangen, Erlegen und Zueignen von Wild an sich nur als Versuchshandlung erscheint, ist jetzt diesen Handlungen völlig gleichgestellt und zu einem selbständigen Straftatbestand erhoben, bei dem ein Erfolg nicht nachgewiesen zu werden braucht. Das Landgericht hatte ausgeführt, daß das Schlingenlegen eine besonders rohe und hinterhältige Art der Wilderei darstelle und eine niedrige Gesinnung des Täters erkennen lasse, die hart bestraft werden müsse. Das war rechtlich verfehlt. Die Wilderei unter Anwendung von Schlingen ist schon durch das Gesetz unter die besonders schweren Fälle eingereiht und mit erhöhter Strafe bedroht; es geht nicht an, ein Merkmal des gesetzlichen Tatbestandes nochmals als Strafschärfungsgrund zu verwenden. Eine Übertretung des Reichsjagdgesetzes war in dem Verhalten der Angeklagten nicht zu finden. Nach diesem wird bestraft, wer die Jagd ausübt, ohne einen gültigen Jagdschein mit sich zu führen. Die neue Fassung des § 292 StGB. vermeidet es aber mit Absicht, der Wilderei noch die gleichsam ehrende Bezeichnung der Jagdausübung zu geben; der Wilderer übt nicht die Jagd aus, sondern stört oder verletzt fremdes Jagdrecht. (IV, 26. Mai 1936.)

Amtl. Sammlg. S. 220—224.

Vgl. Bd. 57 S. 379; Bd. 59 S. 423; Bd. 69 S. 327.

67. **Unzucht zwischen Männern.** (StGB. § 175.) Zur Annahme eines unzüchtigen Treibens zwischen Männern genügt es, daß die auf Erregung oder Befriedigung der eigenen oder fremden Geschlechtslust gerichtete Handlung des Täters geeignet ist, das allgemeine Scham- und Sittlichkeitsgefühl in geschlechtlicher Hinsicht zu verletzen, und daß der Täter dabei den Körper des anderen als Mittel hierzu benutzt. Eine körperliche Berührung des nackten oder nur dünn bekleideten Körpers ist nicht erforderlich. (V, 4. Juni 1936.) Amtl. Sammlg. S. 224—225.

Vgl. Bd. 6 S. 116; Bd. 49 S. 178; Bd. 67 S. 170; Bd. 70 S. 145.

68. **Betrug. Feuerversicherung. Straffreiheit. Treu und Glauben. Irrtum.** (StGB. §§ 59, 263.) Nach einem Brande wurde die Entschädigung auf Grund der Feuerversicherung in der Weise festgestellt, daß die beiderseitigen

Sachverständigen für die einzelnen Gegenstände, die als verbrannt bezeichnet wurden, die entsprechenden Werte einsetzten und für vergessene oder nicht besonders aufgeführte Gegenstände noch ein Betrag hinzugerechnet wurde. Längere Zeit nachher fand der Versicherte eine Uhr und einen Trauring, die als verloren angenommen und mit insgesamt 105 *RM* bewertet worden waren, wieder auf. Er unterließ es, hiervon der Versicherungsgesellschaft Mitteilung zu machen. Das Landgericht verurteilte ihn wegen Betrugs. Das Reichsgericht stellte das Verfahren ein. Der Tatbestand des Betrugs war erfüllt. Der Angeklagte hatte selbst, wenn auch gutgläubig, bei der Versicherungsgesellschaft den Irrtum, die beiden Gegenstände seien verbrannt, hervorgerufen; bei dem Vertrauensverhältnis, auf das Versicherer und Versicherungsnehmer in besonderem Maße angewiesen sind, geboten Treu und Glauben, daß der Angeklagte die Versicherungsgesellschaft von der nachträglichen Auffindung der schon vergüteten Gegenstände in Kenntnis setzte. In seinem Schweigen lag ein Unterdrücken der Wahrheit; durch diese wurde die Versicherungsgesellschaft in ihrem Vermögen geschädigt, da sie über das Bestehen ihres Rückforderungsanspruchs in Unkenntnis gehalten und verhindert wurde, ihn geltend zu machen. Die Vermögensverfügung, die für den Tatbestand des Betrugs erforderlich ist, kann auch darin bestehen, daß der Getäuschte ohne die Täuschung eine Verfügung getroffen hätte, durch die er die Vermögensbeschädigung abgewandt hätte. Die Schädigung wird dadurch nicht ausgeschlossen, daß der Anspruch selbst unverletzt weiterbesteht. Das Reichsgericht wies auf die Möglichkeit hin, daß der innere Tatbestand zufolge Irrtums des Angeklagten ausgeschlossen war. Die Frage brauchte nicht geprüft zu werden, weil zufolge des Straffreiheitsgesetzes die Einstellung des Verfahrens erfolgen mußte. Das Landgericht hatte die Anwendung dieses Gesetzes abgelehnt, weil der Angeklagte auch nach dem Inkrafttreten des Gesetzes noch seine Offenbarungspflicht weiter verletzt habe. Der Betrug war aber schon vollendet, als der Angeklagte sich entschloß, der Versicherungsgesellschaft die nachträgliche Auffindung der angeblich verbrannten Sachen nicht mitzuteilen. Dadurch, daß er an diesem Willen auch nach dem Inkrafttreten des

Straffreiheitsgesetzes festhielt, wurde der Betrug nicht weiter begangen. (II, 14. Mai 1936.)

Amtl. Sammlg. S. 225—228.

Vgl. Bd. 63 S. 186, 191; Bd. 65 S. 100, 106; Bd. 66 S. 56; Bd. 69 S. 283; Bd. 70 S. 151.

69. Schmuggel. Urkundenfälschung. Bannbruch. Zollhinterziehung. Tateinheit. Schlechterstellung. Rechtskraft. Gesetzesauslegung. (StGB. §§ 73, 271, 272; BGB. §§ 134, 138, 929; StPO. §§ 357, 358.) Ein Pferdehändler erwarb ein Pferd, das aus Polen über die Grenze geschmuggelt worden war, in der Absicht, es alsbald weiter zu verkaufen. Um das hierfür nötige Ursprungszeugnis zu erlangen, spiegelte er dem zuständigen Beamten vor, daß er Eigentümer des Pferdes sei. Tatsächlich hatte er das Eigentum an dem Pferd nicht erworben, denn die für den Erwerb nötige Übergabe war eine Schmuggelhandlung und darum sittenwidrig gewesen. Demnach war die erschlichene Bescheinigung, in der der Händler als Eigentümer des Pferdes bezeichnet war, falsch; ihre Verwendung erfüllte den Tatbestand der §§ 271, 272 StGB. Das Landgericht hatte angenommen, daß die Falschbeurkundung neben dem Schmuggel eine selbständige Handlung darstelle. Das Reichsgericht bemerkte hiezu, daß geprüft hätte werden müssen, ob nicht der Angeklagte mit der Erwirkung des Zeugnisses zugleich bezweckte, die Entdeckung des Schmuggels und die Nachverzollung zu verhüten. Dann war die Erwirkung des Zeugnisses eine weitere Schmuggelhandlung und eine Fortsetzung der Zollhinterziehung; die Falschbeurkundung traf dann mit der Zollhinterziehung, dem Bannbruch und dem Vergehen gegen das Viehseuchengesetz tateinheitlich zusammen. Neben dem Pferdehändler war auch noch ein anderer Mann in der gleichen Sache angeklagt gewesen; er hatte gegen das Urteil keine Revision eingelegt. Es fragte sich, ob das Urteil auch zu seinen Ungunsten aufgehoben werden konnte. Das Reichsgericht verneinte die Frage. Die Durchbrechung der Rechtskraft eines Urteils ist nur in ganz besonderen Fällen zugelassen. Grundsätzlich soll es bei dem Urteil sein Bewenden haben, auch wenn die Gerechtigkeit zugunsten des Angeklagten verletzt worden ist; die Rechtskraft steht höher. Die Voraussetzungen für die Wiederaufnahme des Verfahrens zu Ungunsten des Angeklagten sind durch das Gesetz vom

28. Juni 1935 nicht erweitert worden. Daher kann nicht angenommen werden, daß eine Schlechterstellung des Angeklagten möglich sein soll, wenn ein Mitangeklagter Revision eingelegt hat. (V, 4. Juni 1936.)

Amtl. Sammlg. S. 229—233.
Vgl. RGZ. Bd. 145 S. 154.

70. Verbotener Ausschank. Notwendige Teilnahme. Beihilfe. (GastG. §§ 1, 30.) Ein Krämer gab in seinem Laden Bier gegen Bezahlung zum Verzehr auf der Stelle ab. Mehrere Personen veranstalteten auf diese Weise ein Zechgelage bei ihm. Es fragte sich, ob sie wegen Teilnahme an dem verbotenen Ausschank bestraft werden könnten. Das Reichsgericht entschied, daß weder Mittäterschaft noch Beihilfe angenommen werden könne, soweit keine über die notwendige Mitwirkung hinausgehende Teilnahme an der verbotenen Tätigkeit des Wirtes vorliege. Zum Tatbestand des verbotenen Ausschanks gehört begrifflich, daß Gäste mitwirken, die Getränke, die sie erhalten haben, auf der Stelle verzehren; es liegt also ein Fall der notwendigen Teilnahme vor. Einer der Teilnehmer hatte seinen Bruder herbeiholen lassen; es war zu prüfen, ob diese Handlung über die notwendige Teilnahme hinausging. (V, 4. Juni 1936.)

Amtl. Sammlg. S. 233—234.

71. Arbeitslosenversicherung. Krankenkasse. Beamter. Vertragsangestellter. (StGB. § 359.) Die Beamteneigenschaft eines Vertragsangestellten bei einem Arbeitsamt war mit der Begründung verneint worden, daß sein regelmäßiger Pflichtenkreis nur in vorbereitenden Arbeiten bestanden habe, die ihn im Verhältnis zum Publikum nicht in die Erscheinung treten ließen. Das Reichsgericht verwies die Sache zurück. Für die Beamteneigenschaft im Sinne des Strafrechts ist es völlig gleichgültig, ob die Dienstgeschäfte, die in Betracht kommen, der Öffentlichkeit bemerkbar sind. Der Angeklagte hatte einlaufende Unterstützungsanträge zu prüfen, gegebenenfalls die Unterstützungssätze und die Dauer der Unterstützungsleistungen abzuschätzen, die entsprechenden Verfügungen des Stellenleiters zu entwerfen und den Inhalt der Verfügungen in der Form einer Zahlungsanweisung auf den Zahlbogen zu übertragen. Das war aber eine Tätigkeit, die unmittelbar die Erfüllung einer der Aufgaben der Reichsanstalt für Ar-

beitsvermittlung und Arbeitslosenversicherung förderte, und zwar einer Aufgabe, die ihr kraft der Staatsgewalt übertragen war und den staatlichen Zwecken diente; sie war auch keineswegs untergeordnet, denn sie setzte eine geeignete Ausbildung voraus und verlangte fortdauernd die Anwendung eigenen Ermessens. Daß die letzte Entscheidung dem Stellenleiter vorbehalten war, machte nichts aus. Übrigens war der Angeklagte auch der ständige Vertreter des Stellenleiters und als solcher gegebenenfalls dazu berufen, über die Gewährung von Unterstützungen unter eigener Verantwortung und nach eigenem Ermessen zu entscheiden. Anders liegen die Verhältnisse bei den Ortskrankenkassen. Dieses sind selbständige Körperschaften des öffentlichen Rechts, deren jede nur ihre Mitglieder betreut, wenn auch auf der Grundlage einer gesetzlichen Versicherungspflicht. Der Staat übt nur staatlichen Schutz und staatliche Förderung aus, insbesondere durch Fürsorge für den Aufbau des Versicherungswesens. Die Arbeitsvermittlung und Arbeitslosenversicherung dagegen hat das Reich als Staatsaufgaben übernommen. (I, 12. Juni 1936.) Amtl. Sammlg. S. 234—237.
Vgl. Bd. 62 S. 24, 188; Bd. 67 S. 300; Bd. 68 S. 325; JW. 1927 S. 1268.

72. **Anerkennung der Vaterschaft. Unterdrückung des Personenstandes. Falschbeurkundung.** (StGB. §§ 169, 271; BGB. § 1720; PerſStG. §§ 15, 20, 25.) Vor dem Vormundschaftsgericht erkannte ein Mann die Vaterschaft zu dem unehelichen Kinde eines Mädchens an, das er zu heiraten vorhatte; in Wirklichkeit stammte das Kind nicht von ihm. Er wurde wegen Unterdrückung des Personenstandes in Tateinheit mit Falschbeurkundung verurteilt. Das Reichsgericht entschied, daß der Tatbestand der Falschbeurkundung nicht vorliege. Durch die Niederschrift des Vormundschaftsgerichts wurde nur beurkundet, daß der Angeklagte die Vaterschaft zu dem Kinde anerkannt habe, nicht aber, daß er der Vater sei. Die Anerkennung hatte er wirklich und ohne Einschränkung erklärt; die Beurkundung war also richtig. Unrichtig war nur ihr Inhalt. Zum Nachweis dieses Inhalts war aber die Beurkundung nicht bestimmt. Sie hatte nur die Wirkung, daß bis zum Beweis des Gegenteils anzunehmen war, er habe der Mutter während der Empfängniszeit beigewohnt. Aller-

dings hatte er gleichzeitig beantragt, die Anerkennung im standesamtlichen Geburtsregister einzutragen; die Eintragung hatte auch stattgefunden. Aber auch dadurch wurde der Tatbestand des § 271 StGB. nicht erfüllt. Das Reichsgericht hat früher angenommen, daß durch Eintragungen im Personenstandsregister über die Anerkennung einer unehelichen Vaterschaft die Vaterschaft als Tatsache bewiesen werde. Diese Rechtsprechung ist aber durch die Vorschriften des Bürgerlichen Gesetzbuchs überholt. Auch wenn vor einem Standesbeamten die Anerkennung eines unehelichen Kindes erklärt und beurkundet wird, hat das keine anderen Rechtsfolgen und Beweiswirkungen als eine Anerkennung vor dem Vormundschaftsgericht. Ebensowenig kann es weitergehende Wirkungen haben, wenn ein Standesbeamter auf Grund einer vormundschaftsgerichtlichen Urkunde einen Vermerk über die Abstammung eines unehelichen Kindes im Standesregister anbringt. Bestätigt wurde die Verurteilung wegen Unterdrückung des Personenstandes; der Angeklagte hatte, indem er das Kind als von ihm erzeugt anerkannte, die Eintragung des Anerkenntnisses im Geburtsregister beantragte und dann die Mutter des Kindes heiratete, den Anschein erweckt, daß das Kind durch seine Ehe legitimiert worden sei. (I, 12. Juni 1936.)

Amtl. Sammlg. S. 237—239.

Vgl. Bd. 1 S. 9; Bd. 21 S. 411; Bd. 34 S. 427; Bd. 41 S. 301; Bd. 70 S. 18; RGZ. Bd. 68 S. 60.

73. **Örtliche Unzuständigkeit.** (StPO. § 16.) Die erste Hauptverhandlung war ausgesetzt worden. Vor der zweiten Hauptverhandlung wies der Angeklagte in einer Eingabe auf die örtliche Unzuständigkeit des Gerichts hin. In der Hauptverhandlung wiederholte er den Einwand nicht. Ein Bescheid darauf unterblieb. Die Revision hatte keinen Erfolg. Der Einwand hätte vorgebracht werden müssen, ehe in der ersten Hauptverhandlung der Beschluß über die Eröffnung des Hauptverfahrens verlesen wurde. Damit, daß das nicht geschehen war, hatte der Angeklagte den Einwand endgültig verloren. Er lebte nicht wieder auf, wenn eine neue Hauptverhandlung stattfinden mußte. (III, 15. Juni 1936.)

Amtl. Sammlg. S. 239—241.

Vgl. Bd. 43 S. 358.

74. **Protokollberichtigung.** (GVG. § 137.) Nach der bisherigen Rechtsprechung des Reichsgerichts war eine Berichtigung der Sitzungsniederschrift nicht zu berücksichtigen, wenn dadurch einer schon erhobenen Verfahrensrüge der Boden entzogen wurde. Diese Auffassung hat das Reichsgericht nunmehr aufgegeben. Gegen sie sprach, daß dadurch das Revisionsgericht gezwungen wurde, seiner Entscheidung einen Sachverhalt zugrunde zu legen, der der Wirklichkeit nicht entsprach und dessen Unrichtigkeit von den für die Niederschrift verantwortlichen Personen förmlich bestätigt wurde. Das führte dazu, daß Urteile wegen angeblicher Verfahrensverstöße aufgehoben werden mußten, die in Wirklichkeit nicht begangen worden waren. Das ist mit der Grundauffassung der Aufgaben des Strafverfahrens, die im Dritten Reich Allgemeingut geworden ist, nicht mehr vereinbar. Mehr noch als früher ist jetzt der Gedanke in den Vordergrund gerückt, daß es Aufgabe des Strafverfahrens ist, mit möglichster Beschleunigung der Wahrheit und Gerechtigkeit zum Siege zu verhelfen. Die tägliche Erfahrung lehrt, daß sich die Gerichte zu einer Berichtigung der Niederschrift nur mit großer Vorsicht und Zurückhaltung entschließen. Das Bedenken, daß sich die Urkundspersonen zu einer Berichtigung verleiten lassen könnten, die dem wirklichen Hergang nicht entspricht, greift nicht durch. (Großer Senat für Strafsachen, 11. Juli 1936.)

Amtl. Sammlg. S. 241—243.

75. **Fortsetzungszusammenhang. Unzucht mit Kindern.** (StGB. § 176; GVG. § 137.) Dem Großen Senat für Strafsachen wurde die Frage vorgelegt, ob ein Fortsetzungszusammenhang bei wiederholten Verbrechen der Unzucht mit Kindern möglich ist, wenn sich die Handlungen gegen verschiedene Kinder richten. Er verneinte die Frage. Der Begriff der fortgesetzten Handlung ist im Strafgesetzbuch nicht enthalten; seine Annahme ergab sich aus Bedürfnissen des Lebens. Auf dem Gebiete des Vermögensrechts ist es unbedenklich, daß eine fortgesetzte Handlung auch dann angenommen wird, wenn sich die Straftaten gegen verschiedene Personen richten. Eine Übertragung dieser Handhabung auf andere Gebiete wird durch das Bedürfnis des Lebens nicht gefordert. Schon die bisherige Rechtsprechung läßt die Annahme einer fortgesetzten Handlung bei Straftaten, die sich gegen Leben, Gesundheit, Ehre

oder sittliche Reinheit verschiedener Volksgenossen richten, grundsätzlich nicht zu. Das ist bisher damit begründet worden, daß es sich hier um Verletzung höchst persönlicher Rechte handelt und daß deren Besonderheit der Zusammenfassung zu einer fortgesetzten Handlung entgegenstehe. Ob diese Begründung angesichts der fortschreitenden Erkenntnis, daß jede Strafvorschrift in erster Reihe dem Schutz des gesamten Volkes zu dienen hat, aufrecht erhalten werden kann, erklärte das Reichsgericht für zweifelhaft; am Ergebnis wurde aber festgehalten. Das gesunde Rechtsempfinden läßt nicht zu, daß jemand, der auf Grund eines von vornherein bis ins Kleinste durchdachten Vorsatzes in längeren Zeitabständen mehrere Menschen ums Leben bringt oder sich an mehreren Kindern vergeht, so behandelt wird, als habe er nur e i n e n Mord oder nur e i n Sittlichkeitsverbrechen begangen. Ob eine einheitliche Straftat da anzunehmen ist, wo sich jemand gleichzeitig gegen Leben, Gesundheit, Ehre oder sittliche Reinheit mehrerer Personen vergeht, hängt von den Umständen des Falles ab; aus ihnen kann sich eine natürliche Handlungseinheit ergeben. (Großer Senat für Strafsachen, 11. Juli 1936.)

Amtl. Sammlg. S. 243—245.

76. Beleidigung des Vaters durch Verführung der minderjährigen Tochter. Familienehre. Mittelbare Beleidigung. (StGB. § 185.) Ein Jude, der in einem Warenhaus angestellt war, verleitete eine dort tätige, ihm untergebene minderjährige Verkäuferin zur Duldung und Vornahme unzüchtiger Handlungen und schließlich auch zu geschlechtlichem Verkehr. Das Mädchen war deutschblütig und wohnte bei seinen Eltern. Der Vater stellte Strafantrag. Die Verurteilung wegen Beleidigung wurde vom Reichsgericht gutgeheißen. Das Verhalten des Angeklagten stellte sich als bewußte Mißachtung der Geschlechtsehre des Mädchens dar. Das Landgericht hatte angenommen, daß eine Beleidigung des Mädchens deshalb nicht vorliege, weil es mit dem Verhalten des Angeklagten einverstanden war. Das erklärte das Reichsgericht für bedenklich, soweit die Straftaten in die Zeit fielen, ehe das Mädchen 18 Jahre alt war; die Begründung ist nicht veröffentlicht. Anderseits hatte das Landgericht ausgeführt, daß ebenso wie in der Kränkung einer Ehefrau, selbst wenn sie in diese einwillige, immer eine Beleidigung des Ehemanns zu finden sei, auch in der Ehrverletzung einer minderjährigen Tochter, die in der Familie lebt, eine Beleidigung ihres gesetzlichen Vertreters liegt. Das Reichsgericht erklärte, daß dieser Auffassung in solcher Allgemeinheit nicht beigetreten werden könne. Das Verhältnis des Vaters zur minderjährigen Tochter ist immerhin ein anderes als jenes des Ehemanns zur Ehefrau. Es fehlt jene völlige Lebensgemeinschaft, deren Verletzung einen Eingriff in die Rechte des Mannes auch dann darstellt, wenn die Ehefrau mit der Verletzung einverstanden ist. Das Verhältnis zwischen Vater und Tochter verliert schon vor der Volljährigkeit immer mehr an Bedeutung, je näher diese Grenze heranrückt. Hat die minderjährige Tochter ein ernstes Verhältnis oder ist sie verlobt, so wird die Volksanschauung in der Regel in einem Geschlechtsverkehr keine Beleidigung der Tochter und nur unter ganz besonderen Umständen eine Beleidigung des Vaters finden. Das Reichsgericht hat bisher die Annahme einer mittelbaren Beleidigung des Vaters durch Beleidigung einer minderjährigen Tochter und die Annahme einer den Mitgliedern einer Familie als Mehrheit zustehenden Familienehre stets abgelehnt, da die Ehre grundsätzlich nur dem einzelnen Menschen zustehe. Immerhin wurde anerkannt, daß durch unzüchtige Handlungen mit einer minderjährigen Haustochter der Vater unmittelbar beleidigt werden könne, wenn besondere Umstände dazukommen, die einen unmittelbaren Angriff auf die Ehre des Vaters erkennen lassen. Solche Umstände waren hier festgestellt. Der Angeklagte wußte, daß das Mädchen in ihrer Familie lebte und unter dem Schutze ihres Vaters stand. Wirkliche gegenseitige Zuneigung lag nicht vor; der Angeklagte wollte nur seine Sinnlichkeit befriedigen. Er stand auch mit anderen minderjährigen Verkäuferinnen des Warenhauses in ähnlichen Beziehungen. Um sich das Mädchen gefügig zu machen, nutzte er dessen wirtschaftliche Abhängigkeit in bedenkenloser Weise aus. Er nahm auch keine Rücksicht darauf, daß er verheiratet war und nach der Volksanschauung ein Mädchen, das sich mit einem verheirateten Manne einläßt, allgemein verachtet wird. Endlich durfte nicht außer acht gelassen werden, daß der Angeklagte Jude war und daß auch schon vor Erlaß der Nürnberger Gesetze in weiten Kreisen des deutschen Volkes der Geschlechtsverkehr eines Juden mit einem deutschblütigen

Mädchen als verwerflich empfunden wurde. Alle diese Umstände rechtfertigten vom Standpunkt des gesunden Volksempfindens aus die Auffassung, daß durch das Verhalten des Angeklagten zugleich der Vater als verantwortlicher Inhaber der Schutzgewalt über das Mädchen in seiner Ehre mitbetroffen wurde. Zu prüfen war nur, ob es dem Angeklagten bewußt war, daß er durch sein Verhalten gegenüber der Tochter zugleich auch eine Mißachtung des Vaters zum Ausdruck brachte. Es genügte hiefür nicht, daß er wußte, daß der Vater sein Treiben nicht billigen werde. Anderseits wurde die Annahme einer Mißachtung des Vaters dadurch nicht ausgeschlossen, daß der Angeklagte sein Vorgehen geheimhalten wollte; die Mißachtung hatte durch das Verhalten des Angeklagten zu dem Mädchen dieser gegenüber Ausdruck gefunden. Darauf, ob das Mädchen erkannte und verstand, daß in diesem Verhalten auch eine Beleidigung ihres Vaters liege, kam es nicht an. Es gehört nicht zur Beleidigung, daß sie der Beleidigte, wenn sie ihm gegenüber ausgedrückt wird, als solche versteht und empfindet. Entsprechendes muß gelten, wenn die Beleidigung einem Dritten gegenüber zum Ausdruck kommt. Die Absicht der Beleidigung ist nicht wesentlich; es genügt, daß die Mißachtung eines anderen vorsätzlich und rechtswidrig kundgegeben wird. Eine tätliche Beleidigung des Vaters war nicht anzunehmen; hierzu gehört stets eine Einwirkung auf den Körper des Beleidigten. Gegenüber der Tochter lag eine tätliche Beleidigung vor, soweit sie mit dem Verhalten des Angeklagten nicht einverstanden war. Mit dieser stand dann die Beleidigung des Vaters in gleichartiger Tateinheit. (II, 18. Juni 1936.)

Amtl. Sammlg. S. 245—251.

Vgl. Bd. 2 S. 255; Bd. 10 S. 372; Bd. 29 S. 398; Bd. 67 S. 173; Bd. 68 S. 120; Bd. 70 S. 94, 193; JW. 1935 S. 526; 1936 S. 1446.

77. Polizeibeamter. Anzeigepflicht. Entziehen. Dauerverbrechen. (StGB. § 346; StPO. §§ 160, 163.) Zwei Polizeibeamte kamen wiederholt in eine Wirtschaft, von der bekannt war, daß deren Inhaber den unzüchtigen Verkehr der Gäste mit ihren Kellnerinnen duldeten und förderten; sie verkehrten, obwohl sie verheiratet waren, selbst geschlechtlich mit den Mädchen. Gegen ihre Verurteilung aus § 346 StGB. wendeten sie ein, sie hätten von dem kupplerischen Treiben der Wirtsleute keine Kenntnis gehabt. Es genüge aber, daß sie die Kenntnis aus einem allgemeinen Gerücht erlangten, das in der Öffentlichkeit umging. Erfährt ein Polizeibeamter in solcher Weise von einer Straftat, so ist er kraft seiner allgemeinen Dienstaufgabe und als Hilfsbeamter der Staatsanwaltschaft zum Einschreiten verpflichtet. Es handelte sich nicht um den Fall, daß ein Polizeibeamter rein außerdienstlich, außerhalb seines Pflichtenkreises, von einer Straftat Kenntnis erhält; demgemäß konnte auf sich beruhen, ob nicht auch in einem solchen Fall eine Anzeigepflicht zum mindesten dann besteht, wenn die Straftat, von der der Beamte erfahren hat, nach ihrer Art und ihrem Umfang, wie hier, die Belange der Öffentlichkeit und der Volksgesamtheit in besonderem Maße berührt; die Angeklagten waren auch nicht als Teilnehmer an der Straftat der Pflicht, sie anzuzeigen, enthoben, da ihr Verhalten nicht als Beihilfe zur Kuppelei zu beurteilen war. Daß sie sich als verheiratete Männer des Ehebruchs schuldig gemacht hatten und durch Anzeigeerstattung sich der Gefahr strafrechtlicher Verfolgung hierwegen ausgesetzt hätten, reichte nicht hin, sie vor Verurteilung zu schützen. Der zur Mitwirkung bei der Ausübung der Strafgewalt berufene Beamte wird von seiner Amtspflicht, Anzeige zu erstatten, grundsätzlich auch dann nicht befreit, wenn er besorgen muß, sich selbst einer Straftat bezichtigen zu müssen, die nicht unmittelbar eine Teilnahme an der Haupttat bildet. Noch weniger genügt es, daß der Beamte durch die Anzeige sich der Gefahr dienststrafrechtlicher Ahndung aussetzt. Die Angeklagten hatten zudem die Zwangslage, auf die sie sich nun beriefen, erst nachträglich, nachdem schon ihre Pflicht zur Anzeige entstanden und ohne Gewissensnot zu erfüllen war, wissentlich und aus freien Stücken selbst heraufbeschworen und verschuldet. Durch das Verhalten der Angeklagten waren die Wirtsleute auch der Bestrafung entzogen worden; hierfür genügt schon, wenn der Beamte, der zur Strafverfolgung berufen ist, durch sein Verhalten bewirkt, daß der staatliche Strafanspruch mindestens für geraume Zeit unverwirklicht bleibt. Das Verhalten der Angeklagten stellte sich als ein Dauerverbrechen dar, das sowohl unter der Herrschaft des früheren wie auch des neuen Rechts begangen wurde; in einem solchen Fall ist nach dem Gesetz zu verurteilen, das am Schluß der Dauerhandlung gegolten hat. (IV, 19. Juni 1936.) Amtl. Sammlg. S. 251—255.

Vgl. Bd. 21 S. 424; Bd. 31 S. 196; Bd. 56 S. 54.

78. Betrug. Vermögensschädigung. Ursächlicher Zusammenhang. (StGB. § 263.) Der Inhaber eines Unternehmens verschwieg Darlehensgläubigern, die am Gewinn beteiligt waren, die hohen Gewinne, die er erzielt hatte, und bewog sich durch den unwahren Hinweis auf seine angeblich unzureichenden Einkünfte, ihm aus den Erträgnissen laufende Sondervergütungen zu bewilligen. Er wurde wegen Betrugs verurteilt. Seine Revision hatte keinen Erfolg. Allerdings wußten die geschädigten Darlehensgläubiger, daß sie durch ihre Verfügung ihre Gewinne schmälerten; das schloß aber die Annahme eines Betrugs nicht aus. Nach dem Gesetz und dem Rechtsgedanken, der ihm zugrunde liegt, gehört zum Tatbestand des Betrugs lediglich, daß der Getäuschte durch Irrtum dazu bewogen wird, eine Verfügung zu treffen, die in sein oder eines anderen Vermögen nachteilig eingreift. Der ursächliche Zusammenhang wird nicht dadurch unterbrochen, daß der Getäuschte im Bewußtsein der nachteiligen Wirkung seiner Verfügung handelt; er wird gerade durch den Täuschenden zu der Verfügung bewogen und nichts spricht dafür, in einem solchen Falle dem Täuschenden die Ursache, die er gesetzt hat, strafrechtlich nicht zuzurechnen. (III, 22. Juni 1936.)

Amtl. Sammlg. S. 255—256.

79. Mord. Überlegung. Ursächlicher Zusammenhang. Vorsatz. (StGB. § 211.) Ein Ehepaar überfiel einen Mann, mit dem sie in Feindschaft lebten. Der Ehemann versetzte ihm mit einem Stück Holz Schläge auf den Kopf, daß er bewußtlos wurde; dann trug er mit seiner Frau den Verletzten in einen Wald und überließ ihn dort seinem Schicksal. Nach einigen Tagen wurde der Mann tot aufgefunden. Der Ehemann wurde wegen Mordes, die Frau wegen Beihilfe verurteilt. Das Reichsgericht verwies die Sache zurück. Das Urteil sprach sich nicht deutlich darüber aus, ob der Tod ursächlich auf die Schläge mit dem Stück Holz zurückzuführen war oder vielleicht darauf, daß die Angeklagten den Verletzten im Walde hilflos liegen ließen, oder auf andere von ihnen nicht vorhersehbare Umstände. Demnach war die Möglichkeit nicht ausgeschlossen, daß der Tod auf Umständen beruhte, die mit den Handlungen der Angeklagten nicht in ursächlichem Zusammenhang standen. Eine vorsätzliche vollendete Tötung liegt nur dann vor, wenn die Handlung, die der Täter mit Tötungsvorsatz vorgenommen hat, den Tod (allein oder in Zusammenhang mit anderen Ursachen) zur Folge gehabt hat. Als Ursache ist die Handlung auch dann anzusehen, wenn sie nur bewirkt hat, daß der Tod in einem früheren Zeitpunkt eingetreten ist, als es sonst der Fall gewesen wäre. Waren die Verletzungen, die der angeklagte Ehemann seinem Opfer beigebracht hatte, nicht für den Tod ursächlich gewesen, so kam, wenn Tötungsvorsatz festgestellt werden konnte, nur versuchte Tötung in Frage. Waren anderseits für den Tod des Verletzten nicht die Verletzungen ursächlich, sondern der Umstand, daß er im Walde hilflos liegengelassen wurde, so lag eine vorsätzliche Tötung nur dann vor, wenn dieser Teil der Handlung mit Tötungsvorsatz vorgenommen wurde. Zum Begriff des Vorsatzes, des bewußten Wollens aller Merkmale des äußeren Tatbestandes, gehört, daß der Täter die nach Gegenstand, Zeit und Ort bestimmte Zuwiderhandlung wenigstens in allen wesentlichen Beziehungen, wenn auch nicht mit allen Einzelheiten der Ausführung, in seine Vorstellung und seinen Willen aufgenommen hat. Unerhebliche Abweichungen von dem Verlauf, den der Täter voraussetzt, schließen die Zurechnung zum Vorsatz nicht aus. Vollendete vorsätzliche Tötung lag hiernach auch dann vor, wenn die Schläge mit dem Vorsatz der Tötung versetzt wurden, der Tod aber nicht durch die Schläge selbst, sondern durch eine auf die Verletzungen zurückzuführende Infektion eingetreten wäre. Daß bedingter Vorsatz genügt, ist in der Rechtsprechung anerkannt. Unabhängig von dem Tötungsvorsatz war die Frage der Überlegung zu prüfen. Zum Nachweis der Überlegung gehört nicht ohne weiteres die Feststellung, daß der Entschluß zur Tötung mit Überlegung gefaßt worden ist, sondern es muß, besonders in den Fällen, in denen Entschluß und Ausführung zeitlich nicht unmittelbar aufeinander folgen, eine ausreichende Feststellung verlangt werden, daß der Täter bei der Ausführung selbst imstande gewesen ist, die Beweggründe, die ihn zur Tat drängten, und jene, die ihn davon abhielten, gegeneinander abzuwägen, daß er also die Tat mit voller Besonnenheit und bedachtem Wollen ausgeführt hat. Die Ausführung umfaßt nicht ohne weiteres das gesamte Tun, das mit der Tötung zusammenhängt, sondern nur die vorsätzliche, für den Tötungserfolg ursächliche Handlung. Möglich ist, daß der Täter von einem ohne Überlegung verübten Handeln zu einer mit Überlegung ausgeführten Tötungshandlung übergegangen ist oder daß er einer mit Überlegung ausgeführten, für den Tod ursächlichen Handlung andere angefügt hat, die er ohne Überlegung begangen hat. In solchen Fällen bedarf es einer ganz besonders sorgfältigen Prüfung, wenn die Überlegung bejaht werden soll. Es genügt aber nicht, wenn die Tötungshandlung selbst (die für die Tötung ursächliche Handlung) zwar mit Überlegung begangen, aber ohne Überlegung zu Ende geführt worden ist. Im vorliegenden Falle setzte sich die Tat des Angeklagten zusammen aus dem Beibringen der Verletzungen und dem Verbringen des Verletzten in den Wald, wo er liegengelassen wurde. Dafür, daß dieser zweite Teil der Handlung mit dem Vorsatz der Tötung und mit Überlegung vorgenommen wurde, fehlte eine ausreichende Feststellung. (II, 10. Juli 1936.) Amtl. Sammlg. S. 257—260. Vgl. Bd. 8 S. 276; Bd. 51 S. 311; Bd. 58 S. 368; Bd. 62 S. 196; Bd. 63 S. 213; Bd. 64 S. 318; Bd. 67 S. 424; JW. 1931 S. 2805; 1933 S. 431; DRZ. 1932 S. 285.

80. Bankerott. Übermäßiger Aufwand. Kapitalanteil. Betriebswert. Offene Handelsgesellschaft. (StGB. § 240; HGB. §§ 109, 122, 124, 135.) Eine offene Handelsgesellschaft geriet in Konkurs. Die beiden Gesellschafter wurden wegen übermäßigen Aufwands verurteilt. Das Reichsgericht verwies die Sache zurück. Als Aufwand sind die Ausgaben anzusehen, die das nötige oder übliche Maß übersteigen. Dazu gehören auch Aufwendungen für Geschäftszwecke, namentlich Gehälter an Angestellte, Vergütungen und dergleichen, wenn die Ausgaben für derartige an sich berechtigte Zwecke zu dem tatsächlich vorhandenen Geschäftsvermögen in keinem angemessenen Verhältnis stehen. Bei der Prüfung der Übermäßigkeit von Ausgaben ist von der Gesamtvermögenslage des Gemeinschuldners auszugehen. Es kommt nicht darauf an, daß gewisse Teile des Gesamtvermögens rechtlich selbständig sind, wie es z. B. bei dem Vermögensteil der Fall ist, der zum Betrieb einer offenen Handelsgesellschaft verwendet wird. Hätte sich eine der beiden Gesellschaften, bei denen der eine Angeklagte beteiligt war, besonders günstig entwickelt, während die andere ungünstig arbeitete, so wäre er nicht berechtigt gewesen, aus dem guten Betriebe besonders hohe Summen zu verbrauchen, vielmehr hätte er das mit Rücksicht auf die schlechten Ergebnisse des anderen Betriebs unterlassen müssen. Daher ist es nicht zu beanstanden, wenn in einem solchen Falle der Gemeinschuldner, obwohl er Inhaber mehrerer selbständiger Betriebe ist, auf Grund seines gesamten Verbrauchs aus den verschiedenen Betrieben wegen eines Vergehens des Bankerotts verurteilt wird. Dagegen richtet es sich nach den Erträgnissen des einzelnen Geschäfts, wieweit Entnahmen aus ihm zulässig sind. Bei der offenen Handelsgesellschaft ist das auch durch den Gesellschaftsvertrag oder das Gesetz geregelt. Wenn der Gemeinschuldner nur entnommen hat, was ihm hiernach zusteht, kann ihm das nicht als Aufwand angerechnet werden; es kommt vielmehr darauf an, wie er die Entnahme verwendet. Hält er sich hierbei im Rahmen des Notwendigen oder üblichen, so liegt kein Aufwand vor. Der Vater des einen Angeklagten war früher Teilhaber der offenen Handelsgesellschaft gewesen und hatte sich bei seinem Ausscheiden gewisse Leistungen ausbedungen; wenn diese der damaligen Geschäftslage entsprachen, lag kein Aufwand, jedenfalls kein übermäßiger Aufwand in ihnen. Unrichtig war die Auffassung des Landgerichts, daß bei der Prüfung, ob der Aufwand eines der Angeklagten übermäßig gewesen sei, nicht nur seine Kapitalanteile oder seine eigenen Vermögenswerte in den einzelnen Geschäften maßgebend gewesen seien, da jede Verschuldung eines Gesellschafters notwendig auch eine Belastung des anderen Gesellschafters bedeute. Die Gesamthaftung aller Gesellschafter einer offenen Handelsgesellschaft gilt nur für die Verbindlichkeiten der Gesellschaft selbst, nicht für jene der anderen Gesellschafter. Da zur Zwangsvollstreckung gegen die offene Handelsgesellschaft ein gegen sie selbst lautender Schuldtitel nötig ist, ergibt sich schon hieraus die Unangreifbarkeit des Gesellschaftsvermögens durch die Gläubiger eines Gesellschafters. Sie können nur seine abtretbaren Gesellschaftsrechte pfänden, oder die Gesellschaft kündigen. Verkannt war im Urteil des Landgerichts auch der Begriff des Kapitalanteils. Die Kapitalanteile stellen nicht die ziffernmäßige Beteiligung der Gesellschafter am Gesellschaftsvermögen dar; solche Anteile gibt es überhaupt nicht. Der Kapitalanteil ist vielmehr der gesetzliche Maßstab für die wirtschaftliche Beteiligung des einzelnen Gesellschafters am Gesellschaftskapital. Für das einzelne Geschäftsjahr besagt der Kapitalanteil, wieweit der Gesellschafter an dem Geschäftsergebnis des Jahres verhältnismäßig beteiligt ist. Daher ist es nicht richtig, daß jede Änderung, besonders die Verminderung des Kapitalanteils eines Gesellschafters, notwendig auf den Kapitalanteil des anderen Gesellschafters einwirkt. Die Bedeutung des Kapitalanteils als Maßstab für die ziffernmäßige wirtschaftliche Beteiligung der Gesellschafter am Gesellschaftskapital ändert sich auch nicht dadurch, daß er unter Null sinkt; auch ein Gesellschafter, dessen Anteil so vermindert ist, nimmt am Jahresgewinn teil. Die Verschuldung eines Gesellschafters bedeutet also nicht notwendig eine Belastung des anderen. In der Revision war auch ausgeführt, daß der Begriff des Betriebswertes im Urteil verkannt worden sei; der wirkliche Betriebswert eines Grundstücks, das zum Geschäftsbetrieb eines Kaufmanns gehöre, sei etwas ganz anderes als sein Beleihungswert und regelmäßig viel höher. Das Reichsgericht erklärte diese Rüge für unbegründet. Die Frage, wie hoch ein Gebäude im Rahmen eines Geschäftsbetriebs zu bewerten ist, ob es zum Beleihungswert oder zum Verkaufswert anzusetzen ist, kann nur nach der vom Eigentümer geplanten Verwendung entschieden werden. Im vorliegenden Falle sollten die Grundstücke nicht verkauft, sondern zum Geschäftsbetriebe benutzt werden; der Wert, der in ihnen steckte, war daher nur durch Beleihung flüssig zu machen. Mit Recht hatte das Landgericht abgelehnt, durch Beweiserhebung den etwa höheren Verkaufswert zu ermitteln. (II, 15. Juni 1936.)

Amtl. Sammlg. S. 260—264.

Vgl. Bd. 11 S. 9; Bd. 14 S. 87; Bd. 15 S. 309; Bd. 42 S. 278; RGZ. Bd. 117 S. 242.

81. Notwendige Verteidigung. (StPO. §§ 140, 338.) Dem Angeklagten wurde die Anklageschrift am 6. Februar 1936 zugestellt. Am 11. Februar nahm er einen Verteidiger; dieser legte am 28. Februar die Verteidigung nieder. Am 2. März beantragte der Angeklagte, ihm einen Verteidiger zu bestellen. Der Antrag wurde abgelehnt. Die hierauf gestützte Revision war unbegründet. Nachdem der Angeklagte während der Frist von drei Tagen nach Zustellung der Anklageschrift keinen Verteidiger hatte und trotzdem nicht die Bestellung eines Pflichtverteidigers beantragte, hatte er mit dem Ablauf der Frist das Recht, die Bestellung eines Pflichtverteidigers zu beantragen, endgültig verwirkt. (V, 29. Juni 1936.)

Amtl. Sammlg. S. 264—265.
Vgl. Bd. 67 S. 3.

82. Versicherung an Eides Statt. Zuständige Behörde. Ehrengerichtshof. (StGB. §§ 156, 158, 163.) Gegen einen Rechtsanwalt wurde ein ehrengerichtliches Verfahren eingeleitet auf Grund der Beschuldigung, daß er eine Urkunde fälschlich angefertigt habe. In diesem Verfahren reichte er eine eidesstattliche Versicherung eines früheren Angestellten ein, in welcher der der Anklage zugrunde liegende Vorfall dargestellt war. Das Landgericht verurteilte den Unterzeichner der Erklärung wegen wissentlich falscher Abgabe einer eidesstattlichen Versicherung, den Rechtsanwalt wegen Anstiftung hiezu. Auf die Revision des Rechtsanwelts wurde die Sache zurückverwiesen. Für die Frage, ob eine eidesstattliche Versicherung vorliegt, kommt es nicht darauf an, ob in ihr die Worte „an Eides Statt" vorkommen; entscheidend ist allein, ob sie äußerlich und ihrem Inhalt nach einwandfrei den Willen erkennen läßt, daß der Aussteller seine Erklärung an Eides Statt abgibt. Der Unterzeichner der Urkunde hatte erklärt, er habe weder ihren Inhalt gelesen, noch sei ihm dieser bekannt gegeben worden; der Rechtsanwalt habe die Urkunde diktiert und ihm zur Unterschrift vorgelegt. Für das Vergehen aus § 156 StGB. genügt aber auch schon bedingter Vorsatz; dieser würde vorliegen, wenn der Unterzeichner der Urkunde ihren Inhalt zwar nicht kannte, aber mit der Unrichtigkeit rechnete und wenn er trotzdem, auf die Gefahr hin, etwas Unrichtiges zu versichern, die Urkunde unterschrieb. Für den Fall, daß sich das Wissen um die Unrichtigkeit nicht nachweisen ließ, hätte geprüft werden müssen, ob nicht eine fahrlässige falsche Versicherung an Eides Statt vorlag. Eine Fahrlässigkeit konnte z. B. darin liegen, daß der Unterzeichner der Urkunde aus schuldhafter Nachlässigkeit die Unrichtigkeit der ihm vorgelegten Erklärung oder die Tatsache nicht erkannte, daß das Schriftstück eine eidesstattliche Versicherung darstellte. War dem Unterzeichner der Urkunde nur Fahrlässigkeit nachzuweisen, so war zu prüfen, ob der Rechtsanwalt sich einer unternommenen Verleitung zur Abgabe einer falschen Versicherung an Eides Statt schuldig gemacht hatte; eine solche liegt auch dann vor, wenn der Täter den anderen zur Abgabe einer wissentlich falschen eidesstattlichen Versicherung verleiten will, seine Verleitung aber deshalb erfolglos bleibt, weil der andere nicht wissentlich, sondern nur fahrlässig gehandelt hat. Ob der Ehrengerichtshof eine zur Abnahme von Versicherungen an Eides Statt zuständige Behörde ist, hängt davon ab, ob sich die eidesstattliche Versicherung auf einen Gegenstand bezieht, über den sie vor dem Ehrengerichtshof abgegeben werden konnte, und ob sie nicht völlig wirkungslos war. Auf das Verfahren vor dem Ehrengerichtshof fanden nach der zur Zeit der Tat geltenden Fassung der Rechtsanwaltsordnung die Vorschriften über die Strafprozeßordnung entsprechende Anwendung. Für das Strafverfahren ist anerkannt, daß eidesstattliche Versicherungen von Beschuldigten überhaupt und solche von Zeugen insoweit unzulässig sind, als sie Tatsachen betreffen, die für die Entscheidung der Schuldfrage unmittelbar von Bedeutung sind. In anderen Fällen dürfen die Strafgerichte eidesstattliche Versicherungen entgegennehmen, und zwar nicht nur in den Fällen, in denen eine Glaubhaftmachung ausdrücklich vorgeschrieben ist. Im vorliegenden Falle war die Versicherung nicht ohne Belang, da sie zum mindesten einer Zeugin, die gegen den Rechtsanwalt sprach, vorgehalten oder als Grundlage für eine Entscheidung über Ladung des Unterzeichners als Zeugen verwendet werden konnte. Daß die Abgabe einer eidesstattlichen Versicherung nicht notwendig war und daß der Rechtsanwalt sie freiwillig vorlegte, hinderte nicht die Annahme, daß der Ehrengerichtshof zuständig war, sie entgegenzunehmen. Zu prüfen war aber, ob der Unterzeichner der Urkunde wußte oder doch mit bedingtem Vorsatz damit rechnete, daß die Versicherung vor einer Behörde abgegeben werden sollte, die zur Abnahme einer solchen zuständig war. Abgegeben war die Versicherung erst in dem Zeitpunkt, da sie bei der Behörde einging. (II, 2. Juli 1936.) Amtl. Sammlg. S. 266—269. Vgl. Bd. 7 S. 275; Bd. 14 S. 170; Bd. 15 S. 126; Bd. 19 S. 414; Bd. 21 S. 198; Bd. 22 S. 267, 276; Bd. 23 S. 170; Bd. 28 S. 8; Bd. 32 S. 435; Bd. 34 S. 298, 431; Bd. 36 S. 1; Bd. 47 S. 37, 156; Bd. 49 S. 47; Bd. 57 S. 53; Bd. 58 S. 147; Bd. 59 S. 175; Bd. 62 S. 119; Bd. 64 S. 223; Bd. 70 S. 130.

83. **Gesamtstrafe. Arrest.** (StGB. § 74; MStGB. § 54.) Die Frage, nach welchen Grundsätzen beim Zusammentreffen von Gefängnisstrafen und Arreststrafen eine Gesamtstrafe zu bilden sei, ist früher vom Reichsgericht und vom Reichsmilitärgericht verschieden beantwortet worden. Das Reichsgericht nahm an, daß die Gefängnisstrafe gegenüber der Arreststrafe stets die ihrer Art nach schwerer Strafe sei und darum der Gesamtstrafe zugrunde gelegt werden müsse. Im Gegensatz dazu hatte das frühere Reichsmilitärgericht ständig den Standpunkt vertreten, daß beide Strafarten gleichwertig seien und daß als Einsatzstrafe die ihrer Dauer nach längste der Gesamtstrafe zugrunde zu legen ist. Das Reichsgericht schloß sich nunmehr mit eingehender Begründung dieser Auffassung an. Unentschieden blieb, ob das auch dann zu gelten hat, wenn sich eine Zivilperson an einer eigentlich militärischen strafbaren Handlung beteiligt, oder ob dann gegen sie an Stelle von Arrest auf Haft zu erkennen ist. (IV, 21. Juli 1936.) Amtl. Sammlg. S. 269—276. Vgl. Bd. 15 S. 382; Bd. 16 S. 433; Bd. 27 S. 157; Bd. 39 S. 158; Bd. 58 S. 65, 70; JW. 1937 S. 2771; RMG. Bd. 3 S. 154; Bd. 12 S. 53.

84. **Widernatürliche Unzucht. Gesetzesänderung. Gesetzesauslegung.** (StGB. §§ 2, 175.) Unter den Begriff der widernatürlichen Unzucht zwischen Männern fielen nach der ständigen Rechtsprechung des Reichsgerichts nur beischlafähnliche Handlungen. Die neue Fassung des § 175 StGB. bedroht jede Unzucht zwischen Männern mit Strafe. Mit Rücksicht hierauf waren zwei Männer wegen unzüchtiger Handlungen, die sie miteinander im Jahre

1932 verübt hatten, verurteilt worden. Das Reichsgericht sprach sie frei. Das Landgericht hatte ausgeführt, man dürfe an der früheren Auffassung nicht festhalten, da sich auch die Auslegung älterer Gesetze der jeweiligen, im Volke verankerten Auffassung anpassen müsse. Das Reichsgericht erkannte als richtig an, daß jedes ältere Gesetz vom Standpunkt der nationalsozialistischen Weltanschauung aus verstanden werden muß und daß es im Einzelfalle durchaus möglich ist, zu anderen Ergebnissen zu gelangen als zu einer Zeit, da diese Weltanschauung noch nicht herrschte. Das kann aber niemals dazu führen, daß Vorschriften, durch die nur ganz bestimmte Handlungen unter Strafe gestellt werden sollten, jetzt auf Handlungen angewendet werden dürften, die nach dem Willen des Gesetzgebers nicht darunter fielen. Dem Gesetzgeber der früheren Zeit war die ständige Rechtsprechung des Reichsgerichts bekannt; wenn er eine Bestrafung auch anderer unzüchtiger Handlungen zwischen Männern für geboten hielt, mußte er das Gesetz ändern. Der Richter, der an das Gesetz gebunden ist, darf es nicht eigenmächtig auf Fälle anwenden, auf die es der Gesetzgeber nicht hat angewendet wissen wollen. Eine Anwendung des § 2 StGB. n. F. kam nicht in Frage, da diese Bestimmung zur Zeit der Tat noch nicht galt. (V., 6. August 1936.)

Amtl. Sammlg. S. 277—281.

Vgl. Bd. 1 S. 395; Bd. 2 S. 237; Bd. 6 S. 212; Bd. 20 S. 225; Bd. 23 S. 289; Bd. 34 S. 245; Bd. 36 S. 32; Bd. 48 S. 234; Bd. 64 S. 108; Bd. 69 S. 273; Bd. 70 S. 193; JW. 1913 S. 935; 1936 S. 260, 881.

85. **Fortsetzungszusammenhang. Wahlfeststellung. Milderes Gesetz.** (StGB. §§ 2 b, 73, 242, 244, 259, 260; StPO. § 267 b.) In der Urteilsformel wurde der Angeklagte des fortgesetzten Diebstahls im Rückfall schuldig gesprochen. Aus den Urteilsgründen war zu ersehen, daß es sich um eine wahlweise Feststellung handelte; der Angeklagte war entweder eines fortgesetzten Diebstahls oder eines solchen Diebstahls und der gewerbsmäßigen Hehlerei für schuldig befunden worden. Das Reichsgericht hob das Urteil auf. Das Landgericht hatte angenommen, die Strafdrohung des § 244 StGB. für Diebstahl im Rückfall sei wegen der Möglichkeit, mildernde Umstände anzunehmen, gegenüber den §§ 259, 260 StGB. im Sinne des § 2 b StGB. das mildere Gesetz. Bei der Anwen-

dung des § 2 b StGB. ist aber nicht wie bei der Anwendung des § 73 StGB. von der Strafdrohung auszugehen, sondern es ist festzustellen, welche Strafe im gegebenen Falle angemessen wäre, wenn eindeutig die eine Handlung, und welche Strafe, wenn eindeutig die andere Handlung nachgewiesen wäre. Jenes Gesetz, auf Grund dessen sich so nach den Umständen des Falles die mildere Strafe ergibt, bildet die Grundlage für die Bestrafung und ist in der Urteilsformel als verletzt zu bezeichnen. In der vorliegenden Sache bestand die Besonderheit, daß für den Fall, für den die wahlweise Feststellung in Betracht kam, keine besondere Strafe ausgesprochen werden konnte, weil er in dem fortgesetzten Diebstahl enthalten war und für diesen nur eine Strafe in Frage kam. Es war deshalb nötig, auf der einen Seite die Strafe für den fortgesetzten Diebstahl (alle Fälle eingeschlossen) und auf der anderen Seite die Gesamtstrafe für den fortgesetzten Diebstahl (nur den zweifelsfrei festgestellten) und die gewerbsmäßige Hehlerei miteinander in Vergleich zu stellen und je nach dem Ergebnis den Angeklagten zu verurteilen. Daß die Straftaten zum Teil vor, zum Teil nach dem 1. September 1935 begangen worden waren, machte nichts aus. (II, 6. August 1936.) Amtl. Sammlg. S. 281—282

Vgl. Bd. 69 S. 369.

86. **Widernatürliche Unzucht. Fortsetzungszusammenhang. Mildere Gesetz.** (StGB. §§ 2, 73, 175.) Der Angeklagte war wegen fortgesetzten Vergehens gegen § 175 StGB. n. F. verurteilt worden, weil er in den Jahren 1931—1934 mit fünf Männern Unzucht getrieben hatte. Er bemängelte die Annahme einer fortgesetzten Handlung. Die Rüge drang durch. Das Landgericht hatte vor allem den Umstand nicht besonders gewürdigt, daß zwischen den Straftaten jeweils größere Zwischenräume lagen. Entscheidend war aber, daß die Annahme einer fortgesetzten Handlung bei Straftaten, die sich gegen Leben, Gesundheit, Ehre, sittliche Reinheit verschiedener Volksgenossen richten, grundsätzlich abzulehnen ist. Das Landgericht war davon ausgegangen, daß § 175 StGB. in erster Reihe nicht ein Rechtsgut einzelner Menschen, sondern ein Rechtsgut der Gesamtheit schützen wolle. Nach der heutigen Erkenntnis dient aber jede Strafvorschrift in erster Reihe dem Schutze des gesamten Volkes. Das Gebiet der

im Gesetz nicht besonders geregelten, sondern nur aus Gründen der Zweckmäßigkeit eingeführten fortgesetzten Handlung darf nicht erweitert werden; daher ist an dem Ergebnis der bisherigen Rechtsprechung festzuhalten, wonach bei Straftaten der genannten Art keine fortgesetzte Handlung angenommen werden kann. Darauf, daß im Falle des § 175 StGB. die Beteiligten vielleicht in gegenseitigem Einverständnis gehandelt haben, kommt es nicht an. Die neue Fassung des § 175 StGB. ist gegenüber der früheren das mildere Gesetz, da nach ihr keine Ehrenstrafe zugelassen ist. (II, 13. August 1936.)

Amtl. Sammlg. S. 282—285.

Vgl. Bd. 58 S. 238; Bd. 61 S. 130; Bd. 64 S. 361; Bd. 70 S. 145.

87. **Auslieferungsverkehr.** (AuslG. §§ 4, 54.) Der Angeklagte war von Frankreich an die Schweiz und, nachdem er eine Strafe verbüßt hatte, von dieser im Einverständnis mit Frankreich an Deutschland ausgeliefert worden; hierbei war auf Verlangen Frankreichs die Bedingung gestellt worden, daß er wegen einer im deutschen Haftbefehl aufgeführten Tat nicht verfolgt werden dürfe, da diese nach französischem Recht nicht strafbar sei. Dieser Bedingung war entsprochen worden. Gegen die Verurteilung wegen der übrigen im Strafbefehl angeführten Straftaten machte der Angeklagte geltend, daß sie nach den Grundsätzen des Auslieferungsrechts unzulässig sei. Damit war das Vorliegen einer Verfahrensvoraussetzung bestritten; ob das begründet war, hatte das Reichsgericht von Amts wegen ohne Rücksicht auf die Verfahrenszüge zu prüfen. Zwischen dem Deutschen Reich und der Schweiz besteht ein Auslieferungsvertrag vom 24. Januar 1874. Frankreich hatte mit verschiedenen deutschen Ländern solche Verträge; diese sind mit dem Gesetz über den Neuaufbau des Deutschen Reiches vom 30. Januar 1934 hinfällig geworden, da durch dieses Gesetz Deutschland zum Einheitsstaat zusammengeschlossen wurde und die Länder als völkerrechtliche Rechtsträger zu bestehen aufgehört hat. Ohne Rücksicht darauf, ob ein solcher Vertrag besteht oder nicht, hat das Reichsgericht für die Auslieferung eine Reihe von Grundsätzen aufgestellt. Die Gesetzmäßigkeit des vom ausliefernden Staat beobachteten Verfahrens unterliegt ebensowenig einer Nach-

prüfung der inländischen Gerichte, wie die sachliche Rechtmäßigkeit der Auslieferung. Die Ausgelieferten können die Rechtmäßigkeit der Auslieferung nicht bestreiten, es sei denn, daß ihnen ein solches Recht vertraglich ausdrücklich eingeräumt worden ist. Auch wenn wegen einer Straftat ausgeliefert wird, die im Vertrag nicht vorgesehen ist, kann der Ausgelieferte das nicht beanstanden. Über die richtige Anwendung der Gesetze des ausliefernden Staates haben dessen zuständige Behörden zu wachen, nicht die deutschen Gerichte. Mit der Auslieferung erledigt sich in den Grenzen der Auslieferungsbedingungen schlechthin die Gerichtsbarkeit des ersuchten Staates. Das deutsche Auslieferungsgesetz befaßt sich mit der Rechtshilfe, die Deutschland in Anspruch nimmt, nur in der Sonderbestimmung des § 54, wonach die vom ausliefernden Staat an die Auslieferung geknüpften Bedingungen erfüllt werden müssen. Aus diesem Grunde war auch die Rüge hinfällig, daß die abgeurteilten Taten nach französischem Recht verjährt gewesen seien. Die französische Regierung hatte die Frage der Verjährung geprüft, was sich aus einer Anfrage ergab, ob sie unterbrochen worden sei; daraufhin hatte sie die Auslieferung bewilligt. Damit hatte die Frage der Verjährung nach französischem Recht für das weitere Verfahren jede Bedeutung verloren. Es besteht auch kein allgemein anerkannter Satz des Völkerrechts, daß die Auslieferung wegen solcher Straftaten unrechtmäßig sei, die nach dem Recht des ausliefernden, nicht aber nach jenem des ersuchenden Staates verjährt sind. (II, 13. August 1936.)

Amtl. Sammlg. S. 286—289.

Vgl. Bd. 55 S. 284; Bd. 64 S. 183; Bd. 66 S. 87, 172; Bd. 67 S. 53, 150, 221; Bd. 70 S. 74.

88. **Urkundenfälschung. Versuch. Gewohnheitsverbrecher.** (StGB. §§ 20 a, 43, 267.) Die Verurteilung wegen eines versuchten Vergehens der Urkundenfälschung wurde damit begründet, daß der Angeklagte ein gefährlicher Gewohnheitsverbrecher sei. Das Reichsgericht sprach den Angeklagten frei. Der Versuch der einfachen Urkundenfälschung ist nicht strafbar. Daran wurde auch durch den Umstand nichts geändert, daß der Angeklagte ein gefährlicher Gewohnheitsverbrecher war und demgemäß für eine vollendete einfache Urkundenfälschung mit Zuchthaus hätte

bestraft werden können. Diese Strafschärfung ist nur zulässig, wenn die Tat des Gewohnheitsverbrechers an sich strafbar ist. (I, 7. April 1936.)

Amtl. Sammlg. S. 289—290.

89. **Rassenschande. Irrtum. Strafschärfung.** (BlutSchG. §§ 2, 5; StGB. § 59.) Eine Jüdin schloß im Jahre 1914 die Ehe mit einem deutschblütigen Manne; bei dieser Gelegenheit ließ sie sich protestantisch taufen. Der Mann fiel im Kriege. Die Frau begann später ein Liebesverhältnis mit einem deutschblütigen Manne und setzte dieses auch nach dem Erlaß des Blutschutzgesetzes fort. Gegenüber der hierwegen erhobenen Anklage berief sich der Mann darauf, daß er geglaubt habe, das Gesetz verbiete nur den Geschlechtsverkehr zwischen Juden und deutschblütigen Frauen. Dieser Irrtum konnte ihn vor Strafe nicht schützen. Daß die Eltern der Frau Juden waren, wußte er; ihre Abstammung und ihre Rassenzugehörigkeit wurde dadurch nicht geändert, daß sie sich taufen ließ. Das Urteil wurde gleichwohl im Strafausspruch aufgehoben. Das Landgericht hatte als strafschärfend angeführt, daß der Angeklagte die Strafbarkeit seines Handelns nicht recht einsehe und daß die öffentliche Meinung des deutschen Volkes eine strenge Bestrafung der Rassenschande fordere. Er war aber unzulässig, Merkmale der strafbaren Handlung strafschärfend zu verwerten. die der Gesetzgeber schon bei der Schaffung des Straftatbestandes oder des Strafrahmens entscheidend berücksichtigt hat. Bei der Aufstellung des Strafrahmens im § 5 BlutSchG. hat der Gesetzgeber zum Ausdruck gebracht, daß die Rassenschande eine strenge Bestrafung erfordern könne; dadurch, daß er Gefängnis und Zuchthaus nebeneinander androht, hat er weiter zu erkennen gegeben, daß nicht nur die Höhe der Strafe, sondern auch die Wahl zwischen den beiden Strafarten im Einzelfalle von dem Maße des Verschuldens abhängen soll. Die allgemeine Erwägung, die das Landgericht ersichtlich für Strafart und Strafhöhe wesentlich mitberücksichtigte, war also durch einen Rechtsfehler beeinflußt. Worin die Einsichtslosigkeit des Angeklagten bestand, die als Strafschärfungsgrund angeführt wurde, war aus dem Urteil nicht zu ersehen. Seine Schutzbehauptung war zur Schuldfrage als ein unbeachtlicher Strafrechtsirrtum zu würdigen, stand also der Annahme eines

vorsätzlichen Vergehens nicht entgegen. Ein solcher Irrtum kann aber für die Strafbemessung erheblich sein; er kann dazu führen, daß keine bewußte Gesetzesverletzung vorliegt. Demgemäß war der Einwand des Angeklagten für das Maß seines Verschuldens von erheblicher Bedeutung. (I, 24. Juli 1936.) Amtl. Sammlg. S. 290—293.

90. Mordversuch. Anstiftung. Mittäterschaft. Tateinheit. Gesetzeseinheit. (StGB. §§ 43, 47, 48, 73, 211.) Eine Frau und ihr Sohn beschlossen, den zweiten Mann der Frau, den Stiefvater des Sohnes, zu töten. Die Frau versetzte ihm mehrere Hiebe mit einem Beil; als er zusammengesunken war, sich aber wieder erheben wollte, schlug ihn der Sohn mit dem Beil neuerdings nieder. Sie hielten ihn dann für tot und ließen ihn liegen; die Frau entfernte sich. Als der Sohn bemerkte, daß sein Stiefvater sich wieder aufrichten wollte, versetzte er ihm mit der Schneide des Beils den tödlichen Schlag. Die vorhergehenden Hiebe waren nicht tödlich gewesen. Das Schwurgericht verurteilte die beiden Angeklagten wegen gemeinschaftlich versuchten Mordes, den Sohn außerdem wegen Totschlags. Die Revision des Staatsanwalts führte zur Zurückverweisung der Sache, soweit die Frau in Betracht kam. Das Schwurgericht hatte angenommen, den Entschluß zum Totschlag habe der Sohn ohne Wissen und Wollen der Mutter gefaßt. Das Nichtwissen um diese Tat schloß aber die strafrechtliche Verantwortlichkeit der Mutter dafür nicht aus. Die Handlung des Anstifters besteht in der Hervorrufung des Entschlusses zur Tat; das Wissen, ob und wann sie ausgeführt wird, gehört nicht zur Strafbarkeit des Anstifters. Selbst das Aufgeben des verbrecherischen Willens, der innere Rücktritt, begründet nicht die Straflosigkeit des Anstifters; diese tritt nur ein, wenn er den Erfolg abwendet. Der Tatbestand der Anstiftung bleibt nicht rechtsgrundsätzlich außer Betracht, wenn der Haupttäter die Tat nicht in einem Zuge durchführt, sondern stückweise in mehreren zeitlich getrennten Handlungen oder nach dem ersten Mißglücken erneut handelnd in Weiterwirken des alten oder auf Grund eines neuen Vorsatzes. Bei der Anstiftung hatte die Angeklagte allerdings nur einen gemeinschaftlichen Angriff im Auge; davon abweichend führte der Sohn die Tötung aus. Zu prüfen war aber, ob das gemeinschaftliche Handeln für die Angeklagte einen wesentlichen Umstand bildete. Unwesentliche Abweichungen des Haupttäters von dem Willen und Plan des Anstifters fallen nicht ins Gewicht; sogar die Verwechslung des ausersehenen Opfers kann bedeutungslos sein. Es war möglich, daß die Angeklagte die gemeinschaftliche Ausführung der Tat nur wollte, um den Erfolg sicherer zu verbürgen und den Sohn zum Mitschuldigen zu machen; das schloß aber nicht aus, daß es ihr an sich gleichgültig war, ob die Tat wirklich gemeinsam ausgeführt wurde. Ihr Verhalten war nur als eine Tat zu beurteilen. Beim Zusammentreffen mehrerer Teilnahmeformen tritt die geringere Teilnahmeform hinter die bedeutendere zurück (Gesetzeseinheit). Deshalb lag kein Widerspruch darin, daß die Angeklagte wegen gemeinschaftlichen Mordversuchs verurteilt, in den Urteilsgründen aber zugleich als Anstifterin bezeichnet wurde. Der Grundsatz der Aufzehrung der Anstiftung durch die Mittäterschaft kann aber nicht für alle Fälle Geltung beanspruchen. Beim Totschlag des Sohnes war die Angeklagte nicht zugegen, wußte auch garnicht darum; hier kam also Mittäterschaft nicht in Frage. Wohl aber war die Angeklagte auch in dieser Richtung als Anstifterin zu betrachten, so daß gemeinschaftlicher Mordversuch und Anstiftung zum Totschlag zusammentrafen. Wegen der Einheitlichkeit der Handlung wurde das Urteil, soweit es die Angeklagte betraf, in vollem Umfang aufgehoben. (V, 20. August 1936.)

Amtl. Sammlg. S. 293—297.

Vgl. Bd. 4 S. 190; Bd. 16 S. 100; Bd. 20 S. 259; Bd. 26 S. 198; Bd. 34 S. 327; Bd. 48 S. 206; Bd. 54 S. 177; Bd. 57 S. 193; Bd. 59 S. 412; Bd. 70 S. 26; JW. 1925 S. 959.

91. Unzüchtige Handlung. Medizinalperson. Krankenwärter. Gesetzesauslegung. (StGB. § 174.) Mitglieder einer klösterlichen Genossenschaft, die als Pfleger in einer Anstalt für Geisteskranke und Schwachsinnige verwandt wurden, nahmen unzüchtige Handlungen mit ihren Pfleglingen vor. Sie waren in allen Fächern der Krankenpflege ausgebildet und hatten eine Sonderausbildung in der Behandlung solcher Kranken erfahren. Das Landgericht hatte abgelehnt, sie als Medizinalpersonen im Sinne des Gesetzes anzusehen, weil einfache Krankenwärter nicht zu diesen zu zählen seien. Das Reichsgericht mißbilligte diese Auffassung. Es ist kein Grund ersichtlich, den Begriff auf Personen einzuschränken, welche die Heilkunde betätigen; näher liegt die Annahme, daß das Gesetz alle Personen erfassen wollte, die mit der Heilung oder Pflege der als schutzbedürftig anerkannten Personen befaßt sind. Die gleiche Vorschrift macht auch zwischen Beamten keinen Unterschied nach dem Grade ihrer Dienstleistung. Die Krankenwärter erfahren jetzt auch durchwegs gründliche Vorbildung, um sie zu selbständigem Urteilen und Handeln bei plötzlich auftretenden Bedürfnissen und für kleine Beschwerden zu befähigen. Es entspricht einer gesunden Rechtsentwicklung und vernünftiger Gesetzesauslegung, wenn nunmehr dem Begriff eine Auslegung gegeben wird, die den Bedürfnissen des Gemeinschaftslebens und der Gegenwart gerecht wird. Auf jeden Fall sind unter Medizinalpersonen solche Personen zu verstehen, die auf Grund besonderer Ausbildung mit der Pflege von Kranken befaßt sind und auf Grund ihres Berufes und ihrer Kenntnisse sowie der Aufgaben, die ihnen innerhalb der Anstalt zugewiesen sind, in einem Überordnungsverhältnis zu den Pfleglingen stehen. Es war auch kein Unterschied zu machen, ob die Angeklagten in der Krankenpflege im eigentlichen Sinne oder in anderen Aufgabenkreisen der Anstalt (Küche, Waschküche, Maschinenhaus) tätig waren; die Erziehung der Kranken wurde als Heilmaßnahme von allen Brüdern gemeinschaftlich vorgenommen, und die in den technischen Arbeitsbereichen beschäftigten Brüder beteiligten sich darin in der Weise, daß sie die ihnen zur Hilfeleistung zugewiesenen Kranken zu Arbeiten anhielten, die ihnen zugemutet werden konnten. Die Art der Erkrankung, die in jedem Augenblick zu Anfällen führen konnte, brachte es ohne weiteres mit sich, daß auch diese Brüder jederzeit in der Lage sein mußten, helfend einzugreifen. (I, 28. August 1936.) Amtl. Sammlg. S. 297—301.

Vgl. Bd. 31 S. 246.

92. Blutschutz. Mischling. Zugehörigkeit zu einer Religionsgemeinschaft. Irrtum. (StGB. § 59; BlutSchG. § 2; 1. VO. zum RBürgG. vom 14. November 1935 § 5.) Der Angeklagte stammte väterlicherseits von zwei volljüdischen Großeltern ab; seine Mutter war deutschblütig. Er wurde nicht beschnitten und nahm während seiner Schulzeit am evangelischen Unterricht teil. Nach Eintritt der Volljährigkeit trat er in die Synagogengemeinde seines Wohnorts ein, bezeichnete sich auch in den Steuererklärungen als Jude und zahlte Steuern an die Synagogengemeinde. Am 22. November 1935 trat er aus der Synagogengemeinde aus. Er wurde wegen Geschlechtsverkehr mit einem deutschblütigen Mädchen verurteilt. Seine Revision hatte keinen Erfolg. Das Landgericht hatte ihm den Geschlechtsverkehr bis zum 22. November 1935 nicht als Schuld angerechnet, indem es annahm, er habe bis zur Veröffentlichung der 1. Verordnung zum Reichsbürgergesetz vom 14. November 1935 geglaubt, daß er nicht als Jude im Sinne des Blutschutzgesetzes gelte; daß er am 22. November 1935 hiervon wußte, hatte er aus seiner Austrittserklärung gefolgert. Das Reichsgericht billigte diese Auffassung. Die Zugehörigkeit zu einer Religionsgemeinschaft ist regelmäßig nicht davon abhängig, daß jemand ihr ausdrücklich beitritt, wie es übrigens der Angeklagte getan hatte. Es kann auch nicht auf das innere Bekenntnis und auf die Stellungnahme zu den Kulthandlungen ankommen. Die Entscheidung kann nur nach äußeren Merkmalen getroffen werden. Zu diesen gehört die trotz Kenntnis nicht beanstandete Führung in den Listen einer Religionsgemeinschaft und die Bezahlung von Kultussteuern. Diese Merkmale lagen beim Angeklagten vor. Hiernach hatte das Landgericht angenommen, daß er zum mindesten damit gerechnet habe, nach den gesetzlichen Vorschriften als Jude zu gelten. Das genügte zu seiner Verurteilung. Ob ein Irrtum ihn hätte entlasten können, brauchte unter diesen Umständen nicht entschieden zu werden. (III, 2. September 1936.) Amtl. Sammlg. S. 301—304.

93. **Rechtshilfe mit Polen. Gegenseitigkeit.** (DAusl.-G. § 41.) Ein polnischer Untersuchungsrichter ersuchte ein deutsches Amtsgericht, in einer Strafsache einen Zeugen zu vernehmen. Das Ersuchen wurde dem Reichsjustizministerium vorgelegt. Dieses verlangte, die ersuchende Behörde möge namens der polnischen Regierung zusagen, daß die polnischen Behörden einem künftigen deutschen Ersuchen in einem umgekehrt gelagerten Falle entsprechen würden. Das polnische Justizministerium lehnte das ab,

indem es sich auf die Eingangsformel des deutsch-polnischen Abkommens über den Rechtshilfeverkehr in Strafsachen vom 16. Dezember 1925 berief. Diese Formel besagt, daß bis zum Abschluß des in Aussicht genommenen Auslieferungsvertrages der Rechtshilfeverkehr in Strafsachen auf der Grundlage der Gegenseitigkeit stattfinde. Das Reichsgericht entschied, daß damit die Gegenseitigkeit nicht verbürgt sei. Allerdings trat das Reichsgericht der Auffassung entgegen, daß die Eingangsformel überhaupt keine rechtliche Bindung zwischen den Vertragsparteien begründe. Wenn sich zwei Staaten in aufeinander abgestimmten Erklärungen, also in einer völkerrechtlichen Vereinbarung, ihr wechselseitiges Einverständnis darüber ausdrücken, daß zwischen ihnen der Rechtshilfeverkehr in Strafsachen auf der Grundlage der Gegenseitigkeit nach Maßgabe bestimmter, wenn auch nicht erschöpfender Einzelabmachungen stattfinde, so bedeutet das rechtlich mehr als das unverbundene Nebeneinanderstehen zweier Aussagen über ein rein tatsächliches Geschehen, also mehr als die Erklärung, daß jeder Staat sich auf diesem Gebiete künftig in einer bestimmten Weise verhalten werde. Das gewollte Ineinandergreifen der rechtlich bedeutsamen Willenserklärungen bezweckt für die beteiligten Staaten eine rechtliche Bindung (Verpflichtung) dahin, den Rechtsverkehr grundsätzlich zu gewähren und dabei auf der Grundlage der Gegenseitigkeit zu verfahren. Unter der Herrschaft dieses Abkommens könnte also kein Staat die Gewährung der Rechtshilfe grundsätzlich verweigern oder sich von dem Grundsatz der Gegenseitigkeit lossagen. Auf der anderen Seite enthält aber das Abkommen keinerlei Bindung hinsichtlich des Umfangs und der sachlichen Voraussetzungen der zu leistenden Rechtshilfe. Jeder Staat hat das Recht behalten, Umfang und Voraussetzungen seiner Rechtshilfe nach eigenem Ermessen zu bestimmen, falls er nur den Grundsatz der Rechtshilfegewährung selbst nicht in Frage stellt. Soweit die vertragschließenden Staaten Rechtshilfe gewähren, sind sie allerdings gehalten, das auf der Grundlage der Gegenseitigkeit zu tun, ihr Verhalten im allgemeinen nach dem Verhalten der anderen Seite abzustimmen. Damit ist aber keine ausnahmslos geltende Regel aufgestellt; die beteiligten Staaten dürfen im Einzelfalle von der Richtschnur der

Gegenseitigkeit abweichen, wenn sie nur dadurch nicht den Grundsatz als solchen in Frage stellen. Verbürgt ist die Gegenseitigkeit nur dann, wenn eine Bürgschaft, eine Gewähr, eine zuverlässige Sicherheit dafür vorhanden ist, daß sie eingehalten wird. Ihrem Inhalt nach muß diese rechtliche Gewähr in doppelter Richtung vorhanden sein: nach innen in der Weise, daß Deutschland nach deutschem Recht im umgekehrten Falle (bei sinngemäßer Umkehrung des Sachverhalts) die entsprechende Leistung begehren kann, nach außen in der Weise, daß die Gewährung der entsprechenden Leistung durch den anderen Staat rechtlich feststeht. Auf welchem Rechtsgrunde diese Verpflichtung und Bereitschaft des anderen Staates beruht, ist gleichgültig; sie muß nur eindeutig aus einer für ihn verbindlichen und von ihm anerkannten Rechtsquelle fließen, sei diese nun eine zwischenstaatliche Vereinbarung oder eine einseitige rechtsverbindliche Erklärung, ein innerstaatliches Gesetz oder eine Behördenübung gewohnheitsrechtlicher Art. Sollte der Fall eintreten, daß eine Rechtsgrundlage zwar der Form nach bestände, aber übungsgemäß nicht beachtet würde, so wäre die Gegenseitigkeit nicht verbürgt. Im vorliegenden Falle waren also die Voraussetzungen der Verbürgung nicht erfüllt. (III, 2. September 1936.) Amtl. Sammlg. S. 304—311.
Vgl. Bd. 38 S. 75.

94. Fangbrief. Urkunde. (StGB. §§ 267, 348.) Ein Bahnpostbeamter stand im Verdacht, Briefe unterschlagen zu haben. Um ihn zu überführen, wurde ein Brief an eine in Wirklichkeit nicht vorhandene Empfängerin aufgegeben. Die Unterschlagung dieses Briefes erfüllte den Tatbestand der Beiseiteschaffung einer amtlich anvertrauten Urkunde. Der Poststempel in Verbindung mit der Anschrift war bestimmt und geeignet, die rechtlich erhebliche Tatsache zu beweisen, daß der Brief zu einer bestimmten Zeit und auf einem bestimmten Postamt der Post zur Beförderung übergeben und von ihr in Lauf gesetzt worden, also von den Beamten entsprechend zu behandeln war; der Brief war also Träger eines bestimmten Erklärungsinhalts und stellte somit eine Urkunde dar. Dem stand nicht entgegen, daß es die Empfängerin nicht gab, daß also der Beförderungsauftrag, wie von vornherein feststand, nicht zu Ende geführt werden konnte und sollte. (II, 10. September 1936.) Amtl. Sammlg. S. 312—313.

Vgl. Bd. 50 S. 213; Bd. 69 S. 271.

95. Beihilfe zum Selbstmord. Entsprechende Anwendung des Strafgesetzes. (StGB. §§ 49, 216.) Ein Mann und eine Frau, die miteinander ein ehebrecherisches Verhältnis unterhielten, beschlossen, sich gemeinsam zu töten. Der Mann fertigte aus einem Strick zwei Schlingen und befestigte sie an einem Zaun. Beide legten sich eine Schlinge um den Hals und warfen sich zur Seite. Der Mann befreite sich rechtzeitig wieder und suchte auch die Schlinge der Frau zu lockern; als ihm das nicht gelang, ergriff er die Flucht. Die Frau wurde tot aufgefunden. Das Schwurgericht sprach den Mann von der Anklage des Mordes frei. Die Revision des Staatsanwalts wurde verworfen. Nach den Feststellungen des Schwurgerichts war der Gedanke des Selbstmordes von der Frau ausgegangen. Der Angeklagte war ihr zu dem Selbstmord behilflich gewesen, hatte aber keine Tötungshandlung begangen. Die Beihilfe zur Selbsttötung ist nicht strafbar. Sie kann auch nicht gemäß § 2 StGB. unter Strafe genommen werden. Strafbar ist nur die Vernichtung fremden Lebens; die Strafbarkeit der Selbsttötung oder der Beihilfe zu einer Selbsttötung würde auf einem anderen Grundgedanken beruhen, nämlich auf dem Gedanken, daß auch die Vernichtung des eigenen Lebens strafbar sein soll. (III, 14. September 1916.) Amtl. Sammlg. S. 313—316.

96. Unzüchtige Handlung. (StGB. § 176.) Ein Mann zeigte einem 13jährigen Mädchen unzüchtige Bilder vor. Das Kind sah arglos hin, blickte aber alsbald wieder weg. Er wurde wegen eines Versuchs, das Kind zur Verübung unzüchtiger Handlungen zu verleiten, verurteilt. Seine Revision wurde verworfen. Wer zur Erregung oder Befriedigung seiner Geschlechtslust eine Person unter 14 Jahren veranlaßt, seinen oder eines Dritten entblößten Geschlechtsteil zu betrachten, verleitet sie dazu, eine unzüchtige Handlung zu begehen. Das ist schon wiederholt entschieden worden. Durch das Betrachten unzüchtiger Bilder können die gleichen seelischen Schäden angerichtet werden. Ob das im Einzelfalle anzunehmen ist, unterliegt der tatrichterlichen Beurteilung. (IV, 15. September 1936.) Amtl. Sammlg. S. 316—317.

97. Untersagung der Berufsausübung. Notwendige Verteidigung. (StPO. §§ 140, 145, 338 Nr. 5.) In einem Falle, in dem Untersagung der Berufsausübung in Frage kam, wurde der Angeklagten ein Verteidiger bestellt. Dieser erschien in der Hauptverhandlung erst, nachdem eine Zeugin vernommen worden war. Im Urteil wurde von einer Untersagung der Berufsausübung abgesehen. Das Reichsgericht verwies die Sache zurück. Da ein Fall der notwendigen Verteidigung gegeben war, durfte die Verhandlung nicht in Abwesenheit des Verteidigers durchgeführt werden. Der Verstoß war auch nicht dadurch geheilt worden, daß das Gericht nicht auf Untersagung der Berufsausübung erkannte. Die einmal förmlich angeordnete Bestellung eines Pflichtverteidigers bleibt auch dann wirksam, wenn sich ergibt, daß sie nicht notwendig gewesen wäre. (IV, 22. September 1936.)

Amtl. Sammlg. S. 317—320.

Vgl. Bd. 21 S. 266; Bd. 68 S. 397.

98. Notar. Untreue. Stempel. (StGB. § 266; PrStempG. §§ 15, 30.) Ein preußischer Notar verwandte Gelder, die ihm zur Begleichung der für stempelpflichtige Vorgänge zu zahlenden Beträge übergeben worden waren, für andere Zwecke. Seine Verurteilung wegen Untreue wurde vom Reichsgericht nicht gebilligt. Allerdings hat der Notar, wenn er auch nicht zu den mit der Verwaltung des Stempelwesens betrauten Behörden zählt, auf diesem Gebiete staatliche Vermögensinteressen wahrzunehmen, indem er die geschuldeten Gebühren anfordert und zur Verstempelung der Urkunden verwendet; er handelt aber hierbei nicht als Vertreter des Staates. Die Beträge, die an ihn gezahlt werden, fließen in sein Vermögen; es steht ihm frei, über sie nach seinem Belieben zu verfügen. Unterläßt es der Notar, die Urkunde rechtzeitig zu verstempeln, so ist zwar der eigentliche Stempelschuldner durch die an den Notar geleistete Zahlung von seiner Schuld befreit; dafür geht aber die Haftung für die Schuld auf den Notar über. Der Angeklagte besaß hinlängliches Vermögen, daß er die geschuldeten Stempelbeträge jederzeit ohne besondere Schwierigkeit aufbringen konnte. Das sprach dagegen, daß er den Willen und die Vorstellung hatte, durch sein Vorgehen den Staat dauernd

zu schädigen. (II, 13. Juli 1936.) Amtl. Sammlg. S. 321—324.
Vgl. RGZ. Bd. 85 S. 341.

99. **Ehebruch. Blutschande. Unzüchtige Handlungen. Pflegeeltern. Ausland.** (StGB. §§ 4, 172, 173, 174.) Ein Mann heiratete im Jahre 1917 die Witwe seines im Kriege gefallenen Bruders; diese brachte eine 5jährige Tochter in die Ehe mit. Seit dem Jahre 1925 wohnte er in Holland. Dort trat er im Jahre 1928 mit seiner Stieftochter in geschlechtlichen Verkehr. Er wurde hierwegen nach § 174 StGB. verurteilt. Das Reichsgericht sprach ihn frei. Es stand nicht fest, ob der Angeklagte Pflegevater seiner Stieftochter gewesen war. Pflegekindschaft ist ein Verhältnis, das gleich dem Verhältnis zwischen leiblichen Eltern und Kindern ein dauerndes, sittliches Band herstellt. Das Reichsgericht erachtete es für die Annahme einer Pflegekindschaft nicht als genügend, daß der Angeklagte für seine Stieftochter wie für ein leibliches Kind gesorgt und mit Einwilligung der Mutter über ihre Ausbildung und Beschäftigung bestimmt hatte. Das Urteil mußte aber auch schon deshalb aufgehoben werden, weil nach holländischem Recht die Pflegeeltern in dieser Hinsicht den Eltern nicht gleichgestellt sind. Es lag wohl Ehebruch und Verführung einer Minderjährigen vor; für die Bestrafung fehlte es aber an einem Strafantrag. Wegen Blutschande konnte der Angeklagte nach deutschem Recht infolge von Verjährung nicht mehr verfolgt werden; zudem enthält das holländische Recht keine entsprechende Strafbestimmung. (V, 17. September 1936.) Amtl. Sammlg. S. 324—326.
Vgl. Bd. 5 S. 424.

100. **Wahlfeststellung. Vollrausch.** (StGB. §§ 2b, 51, 330a.) Gegenüber einem wegen unzüchtiger Handlungen an Kindern angeklagten Manne stellte das Landgericht fest, daß er bei Ausübung der Taten betrunken war; es rechnete hiernach mit der Möglichkeit, daß er sich in einem die Zurechnungsfähigkeit ausschließenden Zustande befunden habe, und verurteilte ihn auf Grund des § 330a StGB. Das Reichsgericht verwies die Sache zurück. Eine Wahlfeststellung, daß der Täter sich entweder gegen ein bestimmtes Strafgesetz verfehlt oder sich vorsätzlich oder fahrlässig durch den Genuß geistiger Getränke

in einen die Zurechnungsfähigkeit ausschließenden Rausch versetzt habe, ist zulässig. Es werden hier nicht schuldhafte und schuldlose Handlungen wahlweise festgestellt, sondern einander ausschließende Verstöße gegen zwei verschiedene, selbständige Strafgesetze. Eine Wahlfeststellung ist aber nur zulässig, wenn eine eindeutige Feststellung nicht möglich ist; es wird mit ihr ein letzter Notweg für den Fall eröffnet, daß andere Wege schlechterdings ungangbar sind. Das Gericht hat in jedem Falle alles zu tun, was zur Erforschung der Wahrheit dienlich ist. Es darf sich, wenn Zweifel auftauchen, ob sich der Angeklagte nach der einen oder nach der anderen Richtung schuldig gemacht hat, nicht ohne weiteres durch Wahlfeststellung aus ihnen heraushelfen, sondern muß unter Ausnutzung aller Erkenntnisquellen, die sich darbieten, die Sachlage zu klären suchen. Zur Wahlfeststellung darf es nur schreiten, wenn es trotz sorgfältigsten Bemühens um die Wahrheitserforschung völlig unmöglich ist, zu der richterlichen Überzeugung durchzudringen, daß nur ein Verstoß in einer bestimmten Richtung begangen worden ist. Ob, wann und wie sich der Angeklagte in einen Rauschzustand versetzt hatte, welche Wirkungen der Alkoholgenuß auf ihn im allgemeinen und im besondere Falle ausübte, hätte unter Zuziehung eines Sachverständigen ermittelt werden müssen, um möglichst zu einem bestimmten Urteil darüber zu gelangen, ob bei dem unzüchtigen Vorgehen des Angeklagten die Merkmale des § 51 Abs. 1 oder nur jene des § 51 Abs. 2 StGB. oder keines von beiden vorlagen. Ebenso hätte geprüft werden müssen, ob sich der Angeklagte vorsätzlich oder fahrlässig in den Rauschzustand versetzt hatte, Vorsatz oder Fahrlässigkeit sich also auch auf den Ausschluß der Zurechnungsfähigkeit erstrecken. (II, 17. September 1936.) Amtl. Sammlg. S. 326—329. Vgl. Bd. 61 S. 202; Bd. 66 S. 136; Bd. 70 S. 42, 85.

101. **Wechselseitige Beleidigung. Straffreiheit. Mittäterschaft.** (StGB. §§ 47, 185, 199). Zwei Burschen trafen mit zwei anderen Burschen zusammen, denen sie feindlich gesinnt waren. Es kam zu gegenseitigen Beschimpfungen. Das Landgericht erkannte auf Straffreiheit, ohne festzustellen, wer mit den Beschimpfungen begonnen hatte und ob alle Angeklagten sich daran beteiligt hatten. Das Reichsgericht verwies die Sache zurück.

Das Fehlen einer Feststellung, auf welcher Seite die ersten Beleidigungen gefallen waren, hätte zu einer Aufhebung des Urteils nicht geführt, da bei wechselseitigen Beleidigungen auch der, der die erste Beleidigung ausgesprochen hat, für straffrei erklärt werden kann. Es kam auch nicht darauf an, ob die Beleidigungen und Gegenbeleidigungen einander zahlenmäßig gleich und ob die Ehrverletzungen gleich schwer waren oder nicht. Zwischen den einzelnen Beleidigungen muß nur, in ihrer Gesamtheit gesehen, ein derartiger Zusammenhang bestehen, daß sich die nachfolgenden Beleidigungen als eine sofortige Erwiderung der vorangegangenen Beleidigungen darstellen, wenn auch nicht gerade der Beleidigung, die jeder einzelnen Gegenbeleidigung unmittelbar vorangeht. Eine Erwiderung auf der Stelle liegt vor, wenn eine Beleidigung durch eine Gemütserregung verursacht worden ist, die durch die vorangegangenen Beleidigungen oder durch eine von diesen ausgelöst wurde. Bei einer Beleidigung, die mehrere Mittäter gegenüber einer Mehrzahl von Personen gemeinschaftlich durch eine einheitliche Tat verübt haben, ist die Straffreierklärung nur dann statthaft, wenn jeder der Verletzten die Beleidigung erwidert hat. Der Feststellung der Tatsache, wer mit den Beleidigungen begonnen hatte, kam aber im vorliegenden Falle eine besondere Bedeutung zu. Das Verschulden dessen, der, erregt durch eine ihm widerfahrene Beleidigung, diese auf der Stelle durch eine Gegenbeleidigung erwidert, wird in der Regel geringer zu bemessen sein und seine Straffreierklärung wird eher dem allgemeinen Rechtsempfinden entsprechen als eine Straffreierklärung dessen, der zuerst mit den Beleidigungen begann und dabei noch den Vorsatz gefaßt hat, die Beleidigung des Gegners bei jeder sich darbietenden Gelegenheit fortzusetzen. Wenn solche Umstände vorliegen, bedarf es sorgfältiger Prüfung, ob es gerechtfertigt ist, den Erstbeleidiger für straffrei zu erklären. (II, 17. September 1936.) Amtl. Sammlg. S. 329—332.

Vgl. Bd. 2 S. 181; Bd. 38 S. 339.

102. Urteilsbegründung. Abweichung vom Eröffnungsbeschluß. Unzüchtige Handlung. Beleidigung. Tateinheit. Gesetzeseinheit. (StGB. §§ 176, 185; StPO. § 267.) Ein Mann wies einem Knaben seinen Geschlechtsteil vor, griff ihm unter der Hose an den nackten Oberschenkel und gab ihm einen Kuß. Die Anklageschrift fand in der Aufforderung an den Knaben, den Geschlechtsteil des Angeklagten anzusehen, ein Verbrechen nach § 176 Nr. 3 StGB.; die übrigen Handlungen bewertete sie als Anzeichen für die wollüstige Absicht des Angeklagten oder als Beleidigung. Der Eröffnungsbeschluß nahm eine Verleitung zur Verübung unzüchtiger Handlungen an. Im Urteil wurde ausgeführt, das gesamte Verhalten des Angeklagten stelle eine unzüchtige Handlung dar; seine einzelnen Handlungen verletzten das Scham- und Sittlichkeitsgefühl in gröblicher Weise; zugleich habe er durch sein Verhalten dem Knaben seine Mißachtung gezeigt, und ihn dadurch beleidigt. Das Reichsgericht verwies die Sache zurück. Es war nicht klar ersichtlich, ob das Landgericht eine Vornahme unzüchtiger Handlungen oder eine Verleitung des Knaben zur Ausübung oder Duldung unzüchtiger Handlungen angenommen hatte. Wenn in demselben Strafgesetz mehrere Begehungsformen mit Strafe bedroht sind, muß das Urteil erkennen lassen, in welcher Form der strafbare Tatbestand nach der Auffassung des Tatrichters erfüllt ist. Dieser Mangel der Begründung war hier schon deshalb von Bedeutung, weil sich nur bei einer klaren Stellungnahme zu den einzelnen Punkten erkennen ließ, ob die Verurteilung wegen Beleidigung rechtlich haltbar war. Anscheinend fand das Landgericht in allen Einzelhandlungen des Angeklagten eine Beleidigung. Das wäre zu beanstanden gewesen, da der Tatbestand des § 176 Nr. 3 StGB. gegenüber der Beleidigung der engere ist und deshalb diese Vorschrift bei derselben Betätigung die Anwendung des § 185 StGB. ausschließt. Bei einem zusammenhängenden einheitlichen Tatbestand, der aus mehreren kurz aufeinander folgenden Handlungen besteht, ist es allerdings dann möglich, Tateinheit mit Beleidigung anzunehmen, wenn nicht alle einzelnen Handlungen die Merkmale des § 176 Nr. 3 StGB. enthalten. Das war noch zu prüfen. (II, 24. September 1936.) Amtl. Sammlg. S. 332—334.

Vgl. Bd. 45 S. 344; Bd. 46 S. 301; Bd. 65 S. 337; Bd. 67 S. 110; JW. 1936 S. 1677, 2555.

103. Meineid. Anstiftung. Fortsetzungszusammenhang. Tateinheit. (StGB. §§ 48, 73, 153.) Ein Mann, der wegen Betrugs angeklagt war, rief fünf Personen, die als Zeugen benannt waren, zusammen und forderte sie auf, zu seinen Gunsten falsch auszusagen. Die gleiche Aufforderung richtete er später an jede dieser Personen gesondert. Er wurde wegen fünf Verbrechen der Anstiftung zum Meineid verurteilt. Das Reichsgericht verwies die Sache zurück. Wenn die Sonderrücksprachen nur in Verbindung mit der Gesamtbesprechung ursächlich für den Entschluß der Zeugen waren, den ihnen angesonnenen Meineid zu leisten, trafen diese fünf Anstiftungen tateinheitlich zusammen. Anders wäre die Sachlage zu beurteilen, wenn die Gesamtbesprechung wirkungslos geblieben wäre und die Zeugen sich ausschließlich auf die Einzelrücksprachen hin zur Leistung der Meineide entschlossen hätten; dann hätte von Tateinheit nicht die Rede sein können, weil sich die äußeren Tatumstände in keinem Punkte gedeckt hätten. Auch Fortsetzungszusammenhang hätte dann nicht angenommen werden können; abgesehen davon, daß dafür kein Bedürfnis gegeben gewesen wäre, hätten sich auch aus der Eigenart des Verbrechens des Meineids rechtsgrundsätzliche Bedenken gegen eine solche Annahme ergeben. (III, 19. Oktober 1936.)

Amtl. Sammlg. S. 334—336.

Vgl. Bd. 36 S. 88; Bd. 37 S. 92; Bd. 61 S. 199; Bd. 70 S. 243.

104. Tateinheit. Mehrfache Rechtshängigkeit. (StGB. § 73; StPO. § 264.) Die Eheleute T. waren wegen Betrugs, R. wegen Beihilfe dazu angeklagt. In der Hauptverhandlung wurde das Verfahren gegen die Eheleute T. abgetrennt und an das Schwurgericht verwiesen, weil die Ehefrau des Meineids, der Ehemann der Anstiftung dazu, beide Verbrechen begangen in Tateinheit mit dem Betrug, verdächtig erscheinen. R. wurde freigesprochen. Gegen das Urteil legte der Staatsanwalt Revision ein. Nachträglich wurde R. angeklagt, die Ehefrau T. zu dem Meineid, der ihr zur Last gelegt wurde, angestiftet zu haben; die Sache wurde mit dem abgetrennten Verfahren gegen die Eheleute T. verbunden. R. wurde wegen Anstiftung zum Meineid in Tateinheit mit Betrug verurteilt. In seiner Revision machte er geltend, daß die Sache noch beim Landgericht anhängig sei. Er hatte keinen Erfolg. Allerdings war dieselbe Tat nacheinander von zwei verschiedenen Gerichten abgeurteilt worden; das Verfahren vor dem Landgericht war eher anhängig geworden als jenes vor dem Schwurgericht. Der Grundsatz, daß dem zuerst anhängigen Verfahren der Vorrang gebührt, ist aber für die Fälle, in denen bei dem einen Gericht eine Sammelstraftat oder eine Fortsetzungstat, bei dem anderen nur einzelne Teilhandlungen anhängig sind, durch die Rechtsprechung eingeschränkt worden in der Erwägung, daß dem Gericht der Vorzug gebührt, vor dem die umfassendere, die Sache erschöpfende Aburteilung möglich ist. Das muß auch gelten, wenn eine Straftat, die vor einem niederen Gericht verfolgt wird, mit einer anderen tateinheitlich zusammenfällt, die zur Zuständigkeit eines höheren Gerichts gehört und bei diesem verfolgt wird. Der gegenteilige Standpunkt würde dazu führen, daß das Gericht höherer Ordnung, vor dem allein die Sache richtig erledigt werden kann, sein Verfahren einstellen müßte, das Gericht niederer Ordnung aber, ohne in der Sache selbst zu entscheiden, das Verfahren an das Gericht höherer Ordnung verweisen müßte. Die entgegengesetzte frühere Auffassung hielt das Reichsgericht nicht mehr fest. (III, 5. November 1936.) Amtl. Sammlg. S. 336—338.

Vgl. Bd. 29 S. 174, 179; Bd. 41 S. 108; Bd. 55 S. 166; Bd. 66 S. 19; Bd. 67 S. 53.

105. Fortgesetzte Handlung. Gewerbsmäßiges Verbrechen. Einziehung. Zurückverweisung. (StPO. §§ 152, 154, 354, 430.) In einem Strafverfahren wegen gewerbsmäßiger Abtreibung hatte das Landgericht aus den in der Anklageschrift aufgeführten Einzelfällen nur jene herausgegriffen, die einwandfrei nachgewiesen waren. Das Reichsgericht erklärte dieses Vorgehen für zulässig. Grundsätzlich ist allerdings das Gericht nicht befugt, von der Aburteilung einzelner Straffälle, welche in der Anklageschrift und im Eröffnungsbeschluß angeführt sind, abzusehen; Ausnahmen sind in § 154 StPO. zugelassen. Das gilt aber nur, wenn es sich um selbständige Taten handelt. Wenn für eine rechtlich einheitliche Straftat ein großer Stoff in Betracht kommt, wie bei fortgesetzten, gewerbsmäßigen oder gewohnheitsmäßigen Handlungen, ergibt sich schon begrifflich der Unterschied gegenüber der gewöhnlichen Straftat, daß hier das Gericht Einzelhandlungen auch dann zum Gegenstand der Aburteilung machen darf, wenn sie in der Anklageschrift nicht aufgeführt sind; auch sie gehören zu der rechtlich einheitlichen Straftat, so daß sich die Anklage ohne weiteres auf sie erstreckt. Daraus folgt, daß das Gericht auch Einzeltaten, die in der Anklageschrift aufgeführt sind, ausscheiden darf; trotzdem wird die Gesamtheit abgeurteilt und die Rechtskraft erstreckt sich auch auf die ausgeschiedenen Einzeltaten. Die Ausscheidung verbietet sich freilich, soweit sich erst aus dem Umfang der Einzelbetätigungen die rechtliche Natur der Gesamttat ergibt. Man kann eine fortgesetzte Handlung nicht schon aus einer einzelnen Handlung entnehmen. Auch soweit die Einzelhandlungen beachtlichen Einfluß auf das Strafmaß haben können, hat das Gericht sie seiner Beurteilung zugrunde zu legen. Daher darf es sich nicht damit begnügen, schon aus einer einzelnen Abtreibung (was an sich begrifflich möglich wäre) die Gewerbsmäßigkeit festzustellen, wenn sich noch eine Reihe weiterer Fälle für eine solche Feststellung verwenden läßt; die Straffrage ist offenbar anders zu entscheiden, wenn die gewerbsmäßige Abtreibung nur einmal oder öfter vorgenommen worden ist. Anderseits kann es ohne Einfluß sein, ob 40 oder 50 Fälle des gewerbsmäßigen Verbrechens vorgekommen sind; jedenfalls ist der Angeklagte dann nicht beschwert, wenn ihm nicht noch mehr Einzelfälle zur Last gelegt werden. Es kann vom Standpunkt einer schleunigen und sicheren Rechtspflege aus dienlich sein, Einzeltaten wegzulassen, die aufzuklären schwierig oder zweifelhaft ist, wenn die Ausdehnung der Ermittlungen die Strafhöhe nur unbedeutend beeinflussen würde. Das folgt aus der entsprechenden Anwendung des Grundgedankens des § 154 StPO., wonach es gestattet ist, von der Verfolgung von Straftaten abzusehen, wenn die Strafe, zu der die Verfolgung führen kann, neben einer Strafe, die der Angeklagte wegen einer anderen Tat zu erwarten hat, nicht ins Gewicht fällt. Die Sache wurde zurückverwiesen, weil das Gericht die Einziehung der zum Abtreiben gebrauchten und bestimmten Sachen des Angeklagten angeordnet hatte, ohne sie näher zu bezeichnen; dadurch wurde der Angeklagte einer uferlosen Zwangsvollstreckung ausgesetzt. Da der Schuldausspruch und der Strafausspruch rechtskräftig waren, also nur noch über die Einziehung entschieden werden mußte, wurde die Sache an die große Strafkammer verwiesen. (II, 29. Oktober 1936.)

Amtl. Sammlg. S. 338—342.

Vgl. Bd. 57 S. 334; JW. 1935 S. 949.

106. Rechtshängigkeit. Mehrfache Anklage. (StPO. §§ 151 ff.) Wegen zweier Fälle der Untreue in Tateinheit mit Amtsunterschlagung wurde Anklage erhoben und das Verfahren eröffnet. Weitere Ermittlungen ergaben, daß der Angeklagte noch andere Straftaten der gleichen Art begangen hatte. Es wurde Anklage wegen fortgesetzter Untreue und Amtsunterschlagung erhoben; das Verfahren wurde antragsgemäß eröffnet. In der Hauptverhandlung wurde nur der zweite Eröffnungsbeschluß verlesen. Der Angeklagte wurde freigesprochen. Das Reichsgericht verwies die Sache zurück. Durch den zweiten Eröffnungsbeschluß war der erste nicht gegenstandslos geworden; ebensowenig durch die stillschweigende Verbindung der beiden Sachen miteinander. Die Aufhebung des Urteils wurde auf die im ersten Eröffnungsbeschluß angeführten Fälle beschränkt. (III, 9. November 1936.)

Amtl. Sammlg. S. 342—343.

Vgl. Bd. 58 S. 31.

107. Höchstpreise. Notwendige Teilnahme. Beihilfe. Fortgesetzte Handlung. (VO. vom 27. Februar 1935 zur Regelung des Verkehrs mit Schlachtvieh § 32; StGB. § 49.) Schweine wurden über dem zulässigen Höchstpreise verkauft. Sowohl die Verkäufer als die Käufer wurden zu Strafen verurteilt. Das Reichsgericht verwies auf die Revision der Käufer die Sache zurück. Ausführlich ist in dem Urteil die Rechtsgültigkeit der Verordnung vom 27. Februar 1935 und der zu ihrer Ausführung erlassenen Verordnungen dargelegt. Die Verordnung stellt nur die Verkäufer, die einen höheren als den zulässigen Preis verlangen oder sich versprechen oder gewähren lassen, unter Strafe. Die Käufer bleiben grundsätzlich straffrei; auf ihrer Seite handelt es sich um notwendige Teilnahme. Soweit diese reicht, sind die Vorschriften des Strafgesetzbuchs über die Teilnahme unanwendbar. Das gilt aber nicht, soweit ihre Tätigkeit darüber hinausgeht. Demgemäß konnten die Käufer bestraft werden, wenn sie sich nicht auf das Gewähren, Versprechen oder Anbieten eines den Höchstpreis überschreitenden Preises beschränkten, sondern darüber hinaus eine Tätigkeit entfalteten, welche die strafbare Handlung zu fördern geeignet war. Eine solche Tätigkeit war in dem angefochtenen Urteil nicht dargelegt. Für die neue Verhandlung wies das Reichsgericht darauf hin, daß zum Tatbestand des § 32 der Verordnung die überschreitung der Höchstpreise in gemeinschädlicher Weise gehört und daß der Vorsatz des Haupttäters und des Gehilfen auch dieses Merkmal umfassen muß. Einen Anhaltspunkt für die Auslegung dieses Begriffs kann die Rechtsprechung geben, die sich an den Begriff „Schädigung des Volkswohls" knüpft. Das Landgericht hatte fortgesetzte Beihilfe angenommen, obwohl die Beihilfe verschiedenen Personen zu verschiedenen, je für sich rechtlich selbständigen Handlungen gewährt worden war. Das widersprach der früheren Rechtsprechung des Reichsgerichts. Diese ist aber in neuerer Zeit aufgegeben worden; es ist nunmehr als zulässig anerkannt, mehrere Hilfeleistungen zu verschiedenen Taten mehrerer Täter oder desselben Täters als eine fortgesetzte Handlung zu betrachten. Das Reichsgericht bemerkte dazu, daß sich das in den engen Grenzen zu halten habe, in denen nach der Rechtsprechung ein Fortsetzungszusammenhang überhaupt angenommen werden kann. (III, 9. November 1936.) Amtl. Sammlg. S. 344—350. Vgl. Bd. 4 S. 95; Bd. 8 S. 294; Bd. 11 S. 56; Bd. 25 S. 369; Bd. 52 S. 3; Bd. 54 S. 164; Bd. 61 S. 31, 314; Bd. 65 S. 416; Bd. 70 S. 26, 233.

108. Steuerhinterziehung. Tätige Reue. (RAbgO. §§ 396, 410, 418; 2. SteueramnVO. vom 19. September 1931 § 15; DurchfVOzVolksVerrG. vom 28. Juni 1933 § 22.) In Steuererklärungen für die Jahre 1927 bis 1931 hatte der Steuerpflichtige sein Kapitalvermögen und die Einkünfte aus diesem verschwiegen. Im Oktober 1931 gab er dem Finanzamt bekannt, daß er bei einer Sparkasse ein Guthaben besitze. Er wurde wegen Einkommensteuer- und Vermögenssteuerhinterziehung verurteilt. Das Reichsgericht verwies die Sache zurück. Der Straffreiheit, welche die Verordnung vom 19. September 1931 vorsieht, wurde der Angeklagte allerdings nicht teilhaftig, weil seine Anzeige nicht vollständig gewesen war; auch von der Verpflichtung, die hinterzogenen Steuern nachzuzahlen, wurde er aus diesem Grunde nicht frei. Wohl aber kam ihm die Schutzbestimmung des § 410 RAbgO. zugute; diese ist auch auf Vergehen gegen den § 15 der VO. vom 19. September 1931 anwendbar. Es genügt hierfür allerdings nicht, daß nur die Unrichtigkeit oder Unvollständigkeit früherer Steuererklärungen angezeigt wird. Die Steuerbehörde muß auf Grund der neuen Angaben in der Lage sein, die Steuer richtig zu veranlagen; nicht notwendig ist, daß die Anzeige alle zuverlässigen Unterlagen hierfür erschöpfend enthalten muß, um die Veranlagung auf der Stelle durchführen zu können. Der Zweck des Gesetzes ist erreicht, sobald die verschwiegenen Vermögensstücke dem Finanzamt derart genau bezeichnet werden, daß der Zugriff auf sie möglich ist, ohne daß über das Vorhandensein der Vermögensstücke noch langwierige Nachforschungen angestellt werden müssen. Im vorliegenden Falle konnte die Bewegung der vom Angeklagten angegebenen Bankkonten für die vorhergegangenen Jahre jederzeit leicht festgestellt werden; es hätte daher geprüft werden müssen, ob in der Angabe erkennbar auch die Offenlegung des Kapitalvermögens und der Einkünfte aus ihm für die vorhergegangenen Jahre lag. (III, 9. November 1936.) Amtl. Sammlg. S. 350—352.

Vgl. Bd. 59 S. 115.

109. Blutschutz. Jude. Irrtum. (StGB. § 59; BlutSchG. §§ 2, 5, 6.) Ein der Staatsangehörigkeit und dem Blute nach deutscher Mann verkehrte geschlechtlich mit einer Frau, die 50 v. H. jüdischen Blutes war, auch der jüdischen Religionsgemeinschaft angehörte. Er verteidigte sich damit, daß er geglaubt habe, die Frau sei Französin. Seine Verurteilung wurde vom Reichsgerichte nicht bestätigt. Wenn der Angeklagte glaubte, die Frau sei Französin, lag auf seiner Seite ein beachtlicher Irrtum über ein Tatbestandsmerkmal vor. Das Wort „Jude" stellt so, wie es im Blutschutzgesetz gebraucht ist, einen Rechtsbegriff dar, der mehrere ganz verschiedenartige Tatbestände umfaßt. Diese Tatbestände sind nicht im Gesetz, sondern in anderen Vorschriften geregelt. Dieser rein äußerliche Umstand darf nicht zu der Folgerung verleiten, daß die anderweit aufgeführten Tatbestände nicht Bestandteil des Strafgesetzes seien. Das Gesetz hält selbst eine Erläuterung des Begriffs für notwendig und verweist auf erst noch zu erlassende Vorschriften. Diese Vorschriften gehören demnach zum Inhalt des Gesetzes selbst.

Der Irrtum des Angeklagten über den Rechtsbegriff „Jude" hätte hiernach einen unbeachtlichen Strafrechtsirrtum bedeutet; zur Bestrafung genügte, wenn der Angeklagte die Tatsachen und, soweit es sich um Rechtsfragen handelte, die außerhalb des Gebietes des Strafrechts lagen, jene Rechtsverhältnisse gekannt hätte, welche die Frau zur Jüdin im Sinne des Gesetzes machten. Wenn er glaubte, die Frau sei Vollblutjüdin, aber weiter annahm, sie sei Französin, konnte er nur wegen eines versuchten Verbrechens der Rassenschande bestraft werden. Der Tatbestand, den er verwirklichen wollte, gelangte nicht zur Vollendung, weil die Frau nur zu 50 v. H. jüdisches Blut in sich hatte; den anderen Tatbestand, den er verwirklichte, hatte er sich nicht vorgestellt, weil er nicht wußte, daß die Frau Deutsche war. (I, 3. November 1936.) Amtl. Sammlg. S. 353—355.

110. Fahrlässige Tötung. Berufspflicht. Entsprechende Anwendung. (StGB. §§ 2, 222.) Ein kaufmännischer Angestellter war Angehöriger der SA. und damit betraut, den Wagen des Standartenführers zu lenken. Bei einer solchen Fahrt verursachte er einen tödlichen Unfall. Er wurde wegen fahrlässiger Tötung in Verletzung seiner Berufspflichten verurteilt. Seine Revision hatte keinen Erfolg. Eine Tätigkeit, die eine besondere Sachkenntnis oder Aufmerksamkeit verlangt, wird zum Beruf, wenn der Ausübende sie sich für eine gewisse Dauer als einen seiner Lebenszwecke erwählt hat. Das traf bei dem Angeklagten nicht vollkommen zu. Sein Eintritt in die SA. beruhte auf freiem Entschluß; welcher Dienst ihm in dieser zugewiesen wurde, hing dagegen nicht von seinem Willen ab. Dem gesunden Volksempfinden entspricht es aber, daß die strenge Vorschrift auch auf Fälle der vorliegenden Art angewendet wird; der Volksgenosse, der innerhalb der SA. eine verantwortliche Tätigkeit ausübt, ist auch strafrechtlich zu demselben Maß von Aufmerksamkeit verpflichtet, wie jener, der diese Tätigkeit zu seinem Beruf in engerem Sinne gemacht hat. Auf Fälle dieser Art trifft der Grundgedanke des Gesetzes zu, daß durch Ausschreitungen, die jemand in seinem Amt, Beruf oder Gewerbe verübt, das Ansehen der Gesamtheit geschädigt wird, der er angehört; auch die Verletzung seiner Pflichten gegenüber dieser Gesamtheit läßt ihn besonders strafwürdig erscheinen. Die Vorschrift des § 222 Abs. 2 StGB. war hiernach auf den Angeklagten, wenn auch nicht unmittelbar, so doch nach § 2 StGB. entsprechend anzuwenden; eine Beschränkung des § 2 StGB. auf Fälle, in denen sonst der Täter straffrei ausgehen würde, entspricht nicht dem Sinne des Gesetzes. (III, 17. Dezember 1936.

Amtl. Sammlg. S. 355—356.

111. Reichsmusikkammer. Politische Körperschaft. Beleidigung. Ermächtigung. (StGB. §§ 185, 197.) Gegen eine Verurteilung wegen Beleidigung der Reichsmusikkammer wurde eingewendet, daß ein Strafantrag nicht vorliege. Eines solchen bedurfte es nicht; nach der Art, der Wichtigkeit und den Umfang ihrer Aufgaben und Befugnisse sowie nach der Stellung, die sie im Staatsgefüge einzunehmen bestimmt ist, muß die Reichsmusikkammer als politische Körperschaft angesehen werden. Es war daher kein Strafantrag zur Verfolgung der ihr zugefügten Beleidigung notwendig, sondern nur eine Ermächtigung, die an keine Form gebunden ist. (II, 12. November 1936.)

Amtl. Sammlg. S. 356—357.

Vgl. Bd. 18 S. 382.

112. Kindsmißhandlung. Besonders schwerer Fall. Veränderung des rechtlichen Gesichtspunkts. Tateinheit. Gesetzeseinheit. Fortsetzungszusammenhang. (StGB. §§ 73, 223 b, 226; StPO. § 265.) Eine Frau mißhandelte ein Pflegekind fortgesetzt in so grober Weise, daß es schließlich starb. Sie wurde wegen Kindsmißhandlung in Tateinheit mit Körperverletzung mit Todesfolge verurteilt. Das Reichsgericht änderte das Urteil dahin ab, daß nur Verurteilung wegen Körperverletzung mit Todesfolge ausgesprochen wurde. Die Angeklagte hatte sich darüber beschwert, daß ein besonders schwerer Fall der Kindsmißhandlung angenommen worden sei, ohne daß sie auf die Veränderung des rechtlichen Gesichtspunkts hingewiesen wurde. Ein solcher Hinweis war nicht nötig. Er ist nur für die Fälle vorgeschrieben, in denen sich die Strafbarkeit dadurch erhöht, daß ein bestimmtes Merkmal zum gesetzlichen Tatbestand hinzutritt; das traf hier nicht zu. Ebenso verstieß es nicht gegen das Gesetz, daß der Angeklagten im Urteil auch Gesundheitsschädigung durch böswilliges Vernachlässigen zur Last gelegt war, obwohl der Eröffnungsbeschluß nur die Formen des

Quälens und Mißhandelns anführte. Auch hier bedurfte es keines Hinweises auf die Veränderung des rechtlichen Gesichtspunkts. Es handelte sich nicht um einen in seiner tatsächlichen und rechtlichen Gestaltung von den beiden anderen verschiedenen Tatbestand, sondern um eine wesensgleiche und daher mit ihnen auswechselbare Begehungsform derselben strafbaren Handlung, die mit jenen vielfach Hand in Hand gehen und auch begrifflich von ihnen nicht immer scharf abzugrenzen sein wird. Ein rechtlicher Irrtum lag nur insofern vor, als Tateinheit zwischen § 223 b und 226 StGB. angenommen worden war. Das Vergehen gegen § 223 b wurde durch das Verbrechen gegen § 226 als die schwerere Form der einheitlichen Körperverletzung aufgezehrt; es lag Gesetzeseinheit, nicht Tateinheit vor. Daran wurde auch durch den Umstand nichts geändert, daß die letzte tätliche Mißhandlung mit den vorhergehenden Mißhandlungen im Fortsetzungszusammenhang stand. (III, 19. November 1936.)

Amtl. Sammlg. S. 357—360.

Vgl. Bd. 37 S. 102; Bd. 40, S. 114; Bd. 48 S. 174; Bd. 63 S. 160, 286; Bd. 66 S. 139; JW. 1936 S. 882.

113. **Diebstahl. Gebäude. Umschlossener Raum. Entsprechende Anwendung. Rechtsschöpfung.** (StGB. §§ 2, 242, 243.) Aus kleinen, nicht bewohnten Segelbooten und Motorbooten wurden verschiedene Sachen gestohlen. Die Diebe waren zum Teil durch Einschlagen von Fenstern oder durch Aufbrechen der Türen in die Innenräume eingedrungen; in einem Falle hatten sie einen Kleiderschrank in einer Kajüte erbrochen. Sie wurden wegen einfachen Diebstahls verurteilt. Die Revision des Staatsanwalts hatte keinen Erfolg. Schwerer Diebstahl wäre anzunehmen gewesen, wenn die Schiffe als Gebäude oder als umschlossene Räume hätten angesehen werden müssen. Das traf nicht zu. Unter Gebäuden sind nur Bauwerke zu verstehen, die mit Grund und Boden fest verbunden und in ihrer Gesamtheit unbeweglich sind, wenn auch eine dauernde Verbindung nicht möglich ist, wie etwa bei Ausstellungs- oder Zirkuszelten. Ob ein großes Schiff einem Gebäude gleichgestellt werden könnte, blieb offen. Daß Schiffe im Sinne des Gesetzes nicht als umschlossene Räume gelten, ergibt sich schon daraus, daß in § 243 Nr. 7 StGB. Schiffe und umschlossene Räume nebenein-

ander genannt sind. Auch der umschlossene Raum muß ein begrenzter Teil der Erd- oder Wasserfläche sein; wenn er auch beweglich sein kann (Baubuden, Ställe, Trinkhallen), können doch Gegenstände, die hauptsächlich zum Sichbewegen bestimmt sind (Eisenbahnwagen, Kraftwagen, Schiffe), niemals als geschlossene Räume in Betracht kommen. Das Reichsgericht verneinte auch die Frage, ob nach § 2 StGB. die Diebstähle als schwere Diebstähle bestraft werden könnten. Die entsprechende Anwendung von Strafvorschriften nach § 2 StGB. soll vor allem dazu dienen, Handlungen, die unter kein Strafgesetz fallen, die aber nach dem gesunden Volksempfinden und nach dem Grundgedanken eines Strafgesetzes Strafe verdienen, im Interesse der Gerechtigkeit einer Bestrafung zuzuführen. Der Richter darf zu keiner entsprechenden Anwendung schreiten, wenn schon die unmittelbare Anwendung eines Strafgesetzes eine angemessene, dem gesunden Volksempfinden und der Gerechtigkeit entsprechende Bestrafung ermöglicht. Es genügt für die Anwendung des § 2 StGB. nicht, daß eine Sachlage dem Tatbestand eines bestimmten Strafgesetzes ähnlich ist; vielmehr ist zu prüfen, ob das gesunde Volksempfinden und die Gerechtigkeit verletzt wären, wenn das Gericht nicht im Wege der Rechtsschöpfung nach § 2 StGB. eingriffe. Ist diese Frage zu verneinen, so kommt es nicht darauf an, ob auf die Tat der Grundgedanke eines Strafgesetzes zutrifft. (II, 23. November 1936.) Amtl. Sammlg. S. 360—363.

Vgl. Bd. 49 S. 51; Bd. 53 S. 268.

114. Devisenrecht. Ausländer. (DevG. § 6.) Ein Holländer war regelmäßig im Geschäftsbetriebe seines Vaters in Aachen tätig, kehrte aber fast täglich in seine Wohnung nach Holland zurück. Das Reichsgericht entschied, daß er als Devisenausländer zu behandeln war. Das Devisengesetz enthält keine besonderen Vorschriften für Personen, die Wohnsitz oder gewöhnlichen Aufenthalt zugleich im Inland und im Ausland haben. Gegenüber einer Person, die ihren dauernden Aufenthalt im Ausland hatte und nur selten an ihren Wohnsitz im Inland zurückkehrte, entschied das Reichsgericht in einem früheren Falle, daß sie zwar solange als Inländer zu behandeln sei, als sie sich im Inland befinde, daß sie aber ohne Rücksicht auf ihre Eigenschaft als Inländer den devisenrechtlichen Beschränkungen der Ausländer unterworfen sei, solange sie sich im Ausland aufhalte. Eine solche Regelung genügt aber nicht für Fälle, in denen Grenzbewohner sich ständig zwischen Inland und Ausland hin- und herbewegen. Die deutsche Devisenwirtschaft kann solchen Personen gegenüber nicht darauf verzichten, daß sowohl die für Inländer wie die für Ausländer aufgestellten Beschränkungen eingehalten werden. Den Schwierigkeiten, die sich hiernach ergeben können, kann dadurch begegnet werden, daß solche Personen eine bindende behördliche Feststellung herbeiführen, ob sie Inländer oder Ausländer in devisenrechtlichem Sinne sind. (II, 26. November 1936.) Amtl. Sammlg. S. 363—366.

115. **Meineid. Wesentliche Förmlichkeit.** (StGB. § 153; StPO. §§ 59, 66 c.) In einem Dienststrafverfahren wurde einem Zeugen versehentlich der Eid schon vor der Vernehmung abgenommen. Seine Verurteilung wegen Meineids wurde vom Reichsgericht bestätigt. Ein Meineid liegt vor, wenn der Eid zur Bekräftigung einer unwahren Aussage vor einer Behörde geleistet wird, die dafür im allgemeinen zuständig ist, und wenn dabei die wesentlichen Förmlichkeiten beobachtet werden. Die Frage, ob eine Förmlichkeit wesentlich ist, bemißt sich danach, ob ihr Fehlen geeignet ist, dem Eid die Eigenschaft einer bewußten, feierlichen, bis zu einem gewissen Grade formelhaften und mit bestimmten Rechtsfolgen ausgestatteten Bekräftigung der Wahrheit zu nehmen. Ob die Bekräftigung vor oder nach der Aussage abgegeben wird, hat keine beachtenswerte Bedeutung für die Frage, ob für die bewußte Verletzung dieser feierlichen und schwerwiegenden Versicherung Strafe geboten ist. (III, 26. November 1936.) Amtl. Sammlg. S. 366—367.
Vgl. Bd. 8 S. 359; Bd. 10 S. 181; Bd. 36 S. 278; Bd. 38 S. 102; Bd. 62 S. 147; Bd. 65 S. 273.

116. **Falsche Anschuldigung. Entsprechende Anwendung.** (StGB. §§ 2, 164.) Ein Schrankenwärter der deutschen Reichsbahn erstattete an seine vorgesetzte Stelle eine Meldung, daß er auf seiner Strecke ein Klopfen gehört und bei seinem Herannahen zwei Männer sich entfernen gesehen habe; es seien dann an der Stelle mehrere Schrauben gelockert gewesen. Die angestellten Ermittlungen ergaben, daß die Anzeige falsch war. Das Schöffengericht

sprach von der Anklage falscher Anschuldigung frei. Die Revision des Staatsanwalts hatte keinen Erfolg. Die Vorschrift über falsche Anschuldigung war unmittelbar schon deshalb nicht anwendbar, weil sich die Verdächtigung nicht gegen bestimmte oder auch nur bestimmbare Personen richtete und dem Angeklagten auch die Absicht fehlte, ein behördliches Verfahren herbeizuführen; er wollte nur die Aufmerksamkeit seiner Behörde auf sich lenken. Aber auch für eine entsprechende Anwendung des § 164 StGB. auf Grund des § 2 StGB. bestand kein Anlaß. Hiernach ist auch zu bestrafen, wer eine Tat begeht, die zwar nach dem Gesetz nicht strafbar ist, aber nach dem gesunden Volksempfinden und nach dem Grundgedanken eines Strafgesetzes Strafe verdient. Der Zweck der Vorschrift ist, unbeabsichtigte Lücken des Gesetzes zu schließen und Fälle zu erfassen, auf die der Wortlaut des Gesetzes nicht zutrifft, die aber der Gesetzgeber vermutlich hätte erfassen wollen, wenn er bei der Abfassung des Gesetzes an sie gedacht hätte; sie gestattet aber nicht, die Grenzen zu überschreiten, die der Gesetzgeber bewußt der Anwendung einer Strafbestimmung gezogen hat. In früheren Landesgesetzen waren neben der falschen Anschuldigung auch wissentlich falsche Anzeigen unter Strafe gestellt, die sich nicht gegen bestimmte Personen richteten. Das Reichsstrafgesetzbuch hat diese Vorschriften absichtlich nicht übernommen. Als im Jahre 1933 der Tatbestand des § 164 StGB. eine wesentliche Erweiterung erfuhr, wurde doch daran festgehalten, daß sich die Verdächtigung, um strafbar zu sein, gegen eine bestimmte Person richten muß; es wurde sogar eine bestimmte Absicht des Täters verlangt, ein behördliches Verfahren oder andere behördliche Maßnahmen gegen diese Person herbeizuführen, während früher das Bewußtsein genügte, daß die Anzeige zur Herbeiführung eines Verfahrens geeignet sei. Der Entwurf des deutschen Strafgesetzbuches enthält eine Vorschrift, die den treffen soll, der wider besseres Wissen einer Behörde eine strafbare Handlung vortäuscht, ohne einen anderen zu verdächtigen. Es wird also für notwendig gehalten, einen besonderen Straftatbestand aufzustellen. Da der Gesetzgeber hier eine Lücke im Strafgesetzbuch sieht, diese Lücke aber bisher bewußt noch nicht geschlossen hat, ist der Richter nicht berufen, ihm auf dem Wege der entsprechenden Gesetzesanwendung zuvorzukommen. (IV, 8. Dezember 1936.) Amtl. Sammlg. S. 367—375.

Vgl. Bd. 46 S. 85; Bd. 70 S. 173.

117. **Blutschutz. Geschlechtsverkehr.** (BlutSchG. § 2; 1. AusfVO. § 11.) Das Blutschutzgesetz verbietet den außerehelichen Verkehr zwischen Juden und Staatsangehörigen deutschen oder verwandten Blutes. Nach der Ausführungsverordnung ist unter außerehelichem Verkehr nur der Geschlechtsverkehr zu verstehen; was aber unter diesen Begriff fällt, ist der Auslegung überlassen. Das Reichsgericht entschied, daß darunter alle geschlechtlichen Betätigungen (Handlungen und Duldungen) zwischen Juden und Staatsangehörigen deutschen oder verwandten Blutes fallen, durch die der eine Teil seinen Geschlechtstrieb befriedigen will. Einer Begrenzung, die unter Geschlechtsverkehr nur den Beischlaf verstehen wollte, stände entgegen, daß sie das Gericht vor kaum überwindliche Beweisschwierigkeiten stellen und zu Erörterungen über die heikelsten Fragen zwingen würde. (Großer Senat für Strafsachen, 9. Dezember 1936.)

Amtl. Sammlg. S. 375—377.

118. **Milchablieferungspflicht. Teilnahme. Hehlerei. Begünstigung. Entsprechende Anwendung.** (StGB. §§ 2, 49, 257, 259; MilchVO. vom 27. März 1934 § 8 [22. Januar 1936 § 23].) Ein Händler, der das Recht hatte, Butter aufzukaufen, wurde im Besitz einer großen Menge Butter betroffen, deren Erwerb er nicht nachweisen konnte. Er wurde wegen Hehlerei angeklagt auf Grund der Annahme, daß die Bauern, die ihm die Butter verkauft hatten, ihre Milchablieferungspflicht verletzt hätten, daß sie also die Butter mittels einer strafbaren Handlung erlangt hätten. Das Schöffengericht sprach ihn frei. Die Revision des Staatsanwalts hatte keinen Erfolg. Die Verordnung vom 27. März 1934 (neue Fassung vom 22. Januar 1936) bedroht mit Strafe, wer vorsätzlich oder fahrlässig einer ihm von dem zuständigen Zusammenschluß auferlegten Verpflichtung zuwiderhandelt, die in seinem Betrieb erzeugte Milch an eine bestimmte Stelle abzuliefern. Wer ihm bei der Nichtablieferung, insbesondere bei der Veräußerung oder Verbutterung der Milch durch Rat oder Tat wissentlich Hilfe leistet, ist wegen Beihilfe strafbar. Wenn aber die Milch als solche nicht mehr

vorhanden ist, erlischt die Pflicht zu ihrer Ablieferung; der volle Tatbestand der Straftat hat sich mit der Nichtablieferung, im gegebenen Falle also mit der Verbutterung, erschöpft. Die Ausnutzung einer Sachlage, die rechtswidrig durch ein Vergehen hervorgerufen worden ist, bedeutet keine Fortsetzung des gesetzlichen Tatbestandes und ist nicht strafbar; so wird auch der Betrüger nicht deshalb bestraft, weil er nach voller Durchführung des Betrugs mit dem ertrogenen Geld einen Gegenstand billig kauft; wer ihm nur hierbei behilflich ist, kann nicht wegen Beihilfe zum Betrug bestraft werden. Eine Anstiftung oder Beihilfe zu dem Vergehen der Nichtablieferung von Milch wäre gegeben gewesen, wenn der Angeklagte durch ausdrückliche oder stillschweigende Erklärungen bei den Bauern den Entschluß hervorgerufen oder bestärkt hätte, Milch nicht in der pflichtmäßigen Menge abzuliefern, sondern zu verbuttern und ihm die Butter zu liefern. Dafür lag kein Nachweis vor. Eine Bestrafung wegen Begünstigung mußte schon deshalb entfallen, weil der Angeklagte die Butter nicht aufkaufte, um die Bauern der Bestrafung zu entziehen oder ihnen die Vorteile ihres Vergehens zu sichern. Eine Bestrafung wegen Hehlerei war nicht möglich, weil die Bauern die Butter nicht durch eine strafbare Handlung erlangt hatten; die strafbare Handlung bestand nur darin, daß sie die Milch, aus der die Butter hergestellt wurde, nicht ablieferten. Es war aber auch keine entsprechende Anwendung von Strafvorschriften zulässig. In Frage konnte nur eine Anwendung der Vorschrift über Hehlerei kommen. Hierfür müßte das Merkmal des gesetzlichen Tatbestandes, daß der Vortäter die Sache durch eine strafbare Handlung erlangt haben muß, nach der Richtung ausgeweitet werden, daß darunter auch Sachen fallen, die der Vortäter durch Umarbeitung einer eigenen Sache mittels einer strafbaren Handlung hervorgebracht hat. Das geht aber deshalb nicht an, weil die Richtung gegen fremdes Vermögen zu den Grundgedanken der Strafvorschrift über Hehlerei gehört; das Wesen der Hehlerei besteht in der Aufrechterhaltung einer rechtswidrigen Vermögenslage. (III, 10. Dezember 1936.)

Amtl. Sammlg. S. 377—385.

119. Devisenvergehen. Urkundenfälschung. Tateinheit. Fortsetzungszusammenhang. (DevG. §§ 9, 13, 19, 28, 42; StGB. §§ 73, 267, 268.) Dem Angeklagten waren folgende Handlungen nachgewiesen:

a) Übersendung von 10 *RM* mittels Postanweisung in das Ausland unter Vorlegung eines gefälschten Passes. Die Handlung verstieß gegen § 9 Abs. 1, § 42 Abs. 1 Nr. 1 DevG. Der Angeklagte hatte eine Forderung in ausländischer Währung und im weiteren Verlauf ausländische Zahlungsmittel gegen inländische Zahlungsmittel erworben; hierbei hatte er sich der Postbeamten als seiner gutgläubigen Werkzeuge bedient. In der Vorlegung des gefälschten Reisepasses lag ein Verbrechen der schweren Urkundenfälschung. Diese stand mit dem Devisenvergehen in Tateinheit. In dieser Hinsicht hat das Reichsgericht seine Auffassung in neuerer Zeit geändert, indem als Handlung im Sinne des § 73 StGB. beim unselbständigen Teilnehmer nicht mehr die tatbestandsmäßige Handlung, sondern dessen Tatbeitrag angesehen wird. Diese Änderung der grundsätzlichen Stellungnahme muß auch für die mittelbare Täterschaft gelten. Von diesem veränderten Standpunkt aus lag die Handlung des Angeklagten, auch soweit das Devisenvergehen in Frage kam, schon in der Einzahlung des Geldes beim Postamt unter Vorlegung des Reisepasses, die damit notwendig verbunden war. Daß die tatbestandsmäßige Handlung des Devisenvergehens erst später (durch die Postbeamten als gutgläubige Werkzeuge des Angeklagten) ausgeführt wurde, war nicht entscheidend.

b) Übersendung von 800 *RM* Zinsscheinen und Überbringung eines Zinsscheins von 250 *RM* in das Ausland. Hierin lagen zwei Vergehen gegen § 13 Abs. 1, § 42 Abs. 1 Nr. 3 DevG.; die verbotene Ausfuhr der Zinsscheine war außerdem als Bannbruch strafbar. Zu Unrecht hatte das Landgericht angenommen, diese Straftaten ständen mit der vorbenannten im Fortsetzungszusammenhang. Eine solche Annahme verbot sich schon deshalb, weil es sich nicht um Verstöße gegen dasselbe Strafgesetz, sondern um rechtlich ganz verschiedene Tatbestände des Devisenvergehens handelte. Rechtlich unbedenklich war es dagegen, die beiden Zuwiderhandlungen zu einer fortgesetzten Straftat zusammenzufassen.

c) Anstiftung zum Vorlegen von Zinsscheinen, die aus dem Ausland eingeführt waren, bei inländischen Banken zur Einlösung. Diese Handlungen erfüllten den Tatbestand von Vergehen gegen § 19 Abs. 1, § 42 Abs. 1 Nr. 3 DevG. Gegen die Annahme eines Fortsetzungszusammenhangs bestand kein Bedenken; es ist zulässig, mehrere Anstiftungshandlungen zu mehreren selbständigen Straftaten desselben Täters oder verschiedener Täter zu einer fortgesetzten Handlung zusammenzufassen.

d) Anstiftung zur Aushändigung von Geldbeträgen, die durch die Einlösung von Zinsscheinen erlangt waren, an den Angeklagten. Hierin lagen Vergehen gegen § 11 Abs. 1, § 42 Abs. 1 Nr. 3 DevG. Auch hier war es möglich, die verschiedenen Anstiftungen zu einer fortgesetzten Handlung zusammenzufassen. Ausgeschlossen war es, daneben auch noch eine Verurteilung aus § 19 Abs. 1, § 42 Abs. 1 Nr. 3 DevG. auszusprechen; hier war Gesetzeseinheit gegeben.

e) Anstiftung zur Übersendung von Geldbeträgen an den Angeklagten ins Ausland mittels Postanweisung. Diese Handlungen erfüllten den Tatbestand der § 9 Abs. 1, § 42 DevG. Durch § 28 wurde das Vorgehen trotz der geringen Beträge nicht gerechtfertigt. Die Bestimmung gilt nur für Zahlungen, die der Zahlende aus eigenen Mitteln leistet; hier wurden aber die Zahlungen aus Mitteln entnommen, die der Angeklagte im Inland zurückgelassen hatte. Daß im Sinne des § 73 StGB. nur e i n e strafbare Handlung vorliegt, wenn ein Täter durch dieselbe natürliche Handlung mehrere Personen zu verschiedenen selbständigen Straftaten angestiftet hat, ist in der neueren Rechtsprechung des Reichsgerichts anerkannt. (III, 14. Dezember 1936.)

Amtl. Sammlg. S. 385—390

Vgl. Bd. 67 S. 401; Bd. 68 S. 136, 148, 315; Bd. 70 S. 26, 212, 334, 344; JW. 1933 S. 2140; 1935 S. 861.

120. Zeuge. Vereidigung. Anstiftung. Verteidiger. Begünstigung. Selbstbegünstigung. Berufspflicht. Nachtat. Irrtum. (StGB. §§ 48, 59, 159, 257; StPO. §§ 53, 60, 223.). In einem Verfahren wegen Kuppelei wurde eine Frau als Zeugin vor dem ersuchten Richter vernommen, die früher sehr ungünstig für den Angeklagten ausgesagt hatte; nun widerrief sie ihre frühere Aussage und erklärte, daß sie sich an dem Angeklagten habe rächen wollen. Der Richter fragte sie, ob sie von anderer Seite beeinflußt worden sei. Darauf stellte der Verteidiger die Gegenfrage, ob das ein Vorwurf gegen ihn sein solle. Der Richter verneinte das. Die Zeugin wurde nicht beeidigt. In der Verhandlung vor dem Schöffengericht wurde ihre Aussage verlesen. Die Verhandlung wurde ausgesetzt. In der neuen Verhandlung gab die Zeugin sofort die Unwahrheit ihrer Aussage vor dem ersuchten Richter zu. In der Folge kam es zu einem Strafverfahren gegen den damaligen Angeklagten wegen Unternehmens der Meineidverleitung und Anstiftung zur Begünstigung, außerdem gegen den damaligen Verteidiger wegen Begünstigung. Sie wurden verurteilt. Auf die Revision des Verteidigers wurde die Sache zurückverwiesen. Er hatte gerügt, daß die Zeugin nicht vereidigt worden sei. Im Verfahren gegen den Anstifter ist aber der Angestiftete uneidlich zu vernehmen, weil er an der Tat, die den Gegenstand der Untersuchung bildet, in strafbarer Weise beteiligt ist. Die Verurteilung des Verteidigers war damit begründet worden, daß er durch seine Gegenfrage den Zweck verfolgte, seinem Auftraggeber, von dessen Schuld er überzeugt war, Beistand zu leisten, um ihn vor Strafe zu schützen, und daß er diesen Erfolg auch erreicht habe, indem er die Zeugin in ihrer unwahren Aussage bestärkte. Das Landgericht hatte aber nicht geprüft, ob nicht der Verteidiger mit seiner Gegenfrage zugleich beabsichtigte, sich selbst vor der Gefahr zu schützen, wegen Unternehmens der Verleitung zum Meineid, wegen Begünstigung des Angeklagten und wegen Anstiftung der Zeugin zur Begünstigung des Angeklagten verurteilt zu werden. Die Selbstbegünstigung ist straffrei, auch wenn dadurch zugleich ein anderer vor Strafe geschützt werden soll, und wenn der Begünstiger zu Unrecht die Besorgnis hegt, er könne selbst strafrechtlich verfolgt werden. Das Landgericht hatte ein strafbares Verhalten des Verteidigers auch in seinem späteren Unterlassen gefunden. Das erklärte das Reichsgericht für bedenklich. Wenn der Verteidiger schon durch seine Gegenfrage, also durch sein Tun, sich strafbar gemacht hatte, war sein späteres Unterlassen, sofern es überhaupt pflichtwidrig war, nur eine straflose Nachtat. In der ersten Verhandlung vor dem Schöffengericht hatte er die unwahre Aussage nur durch sein Schweigen ausgewertet; in der zweiten kam er überhaupt nicht mehr in die Lage, eine falsche Aussage und einen Meineid der Zeugin verhüten zu müssen. Als Rechtsanwalt hatte der Verteidiger zwar die Pflicht, der Gerechtigkeit und der Wahrheit zu dienen; seine Berufspflichten zwangen ihn aber nicht, sich selbst dem Gericht gegenüber ungefragt einer Handlung zu bezichtigen, die zur Einleitung eines Verfahrens gegen ihn wegen unternommener Verleitung zum Meineid und Begünstigung führen konnte. Neben seiner Pflicht, der Gerechtigkeit und der Wahrheit zu dienen, hatte er als Rechtsanwalt auch seine Schweigepflicht zu erfüllen. Diese Pflicht erstreckte sich auf alles, was der Verteidiger in Ausübung und bei Gelegenheit seiner Berufstätigkeit erfahren hatte, sofern er nach den Umständen annehmen mußte, daß die Geheimhaltung im Interesse seines Auftraggebers geboten sei. Da sein Auftraggeber nicht verpflichtet war, dem Gericht zu offenbaren, daß er sich gegenüber der Zeugin eines Unternehmens der Verleitung zum Meineid schuldig gemacht habe, hatte auch sein Verteidiger insoweit die Schweigepflicht zu beobachten; diese Pflicht ging der Pflicht vor, der Gerechtigkeit und der Wahrheit zu dienen. Weiter hatte er seinem Auftraggeber die Treupflicht zu wahren, durfte diesen also nicht strafbarer Handlungen beschuldigen. Es war nicht ersichtlich, wie er die Tatsachen, die verschwiegen zu haben ihm zum Vorwurf gemacht wurde, hätte angeben können, ohne seinen Auftraggeber und sich selbst der Gefahr auszusetzen, wegen Unternehmens der Verleitung zum Meineid strafrechtlich verfolgt zu werden. Selbst wenn er aus Fahrlässigkeit über den Umfang seiner Berufspflichten geirrt hätte, würde es jedenfalls an dem inneren Tatbestand des Vergehens der Begünstigung gefehlt haben; es wäre dann ein entschuldbarer Irrtum anzunehmen gewesen. (V, 14. Dezember 1936.) Amtl. Sammlg. S. 390—396.

Vgl. Bd. 60 S. 102; Bd. 63 S. 375; Bd. 70 S. 82.

121. Bestechung. Steuerzuwiderhandlung. Nebenklage. (StGB. § 332; StPO. § 264; RAbgO. § 472.) Ein Zollbeamter wurde beschuldigt, einem Kaufmann gegen Entgelt Zollerstattungsanträge mit unwahren Angaben angefertigt zu haben. Die Anklageschrift und der Eröffnungsbeschluß erblickten in dem Verhalten ein Vergehen der Bestechung. Das Urteil hielt dessen Tatbestand nicht für gegeben und führte weiter aus, daß auch eine Verurteilung wegen Teilnahme an einer Steuerhinterziehung nicht stattfinden könne, weil eine Schädigung des Fiskus nicht nachgewiesen sei. Das Hauptzollamt legte gegen das Urteil Revision ein. Das Reichsgericht verwies die Sache zurück. Das Finanzamt hat auch die Rechte eines Nebenklägers und damit die Möglichkeit, ein Rechtsmittel einzulegen, wenn die Staatsanwaltschaft wegen einer Steuerzuwiderhandlung Anklage erhebt. Der rechtliche Gesichtspunkt der Steuerzuwiderhandlung war weder in der Anklageschrift noch im Eröffnungsbeschluß geltend gemacht. Das Reichsgericht entschied, daß es genüge, wenn der geschichtliche Vorgang, der zur Entscheidung gestellt ist, den Gesichtspunkt der Steuerzuwiderhandlung umfaßt, auch wenn das nicht ausdrücklich hervorgehoben ist. Das Gericht hat, um die Anklage zu erschöpfen, den geschichtlichen Vorgang unter allen rechtlichen Gesichtspunkten zu würdigen, die dafür in Betracht kommen können, einerlei, ob die Anklageschrift und der Eröffnungsbeschluß sie ausdrücklich anführen oder nicht. Daß im gegebenen Falle die Steuerzuwiderhandlung ein Teil des geschichtlichen Vorgangs war, der der gerichtlichen Beurteilung unterbreitet war, stand außer Zweifel. Hiernach war die Revision zulässig. Sie war auch begründet. Nach den Feststellungen hatte der Kaufmann die mit Hilfe des Angeklagten geltend gemachten Ansprüche auf Zollerstattung nicht; er machte sich also einer Steuerhinterziehung schuldig. Ob er aus anderen Gründen solche Ansprüche hatte und diese nicht geltend machte, konnte hieran nichts ändern. (III, 17. Dezember 1936.)

Amtl. Sammlg. S. 396—399.
Vgl. Bd. 60 S. 39, 294.

122. Devisenvergehen. Genehmigungserschleichung. Strafzumessung. Besonders schwerer Fall. Straflose Nachtat. Gefährdungsdelikt. Erfolgdelikt. Gesetzeseinheit. Fortsetzungszusammenhang. Veränderung des rechtlichen Gesichtspunkts. (DevVO. 1932 §§ 12, 14, 36 Nr. 3, 7; StPO. § 265.) Durch unrichtige Angaben wurde die Genehmigung der Devisenstelle erschlichen, daß große Summen, die ausländischen Eigentümern deutscher Wertpapiere auf Sperrkonto bei deutschen Banken gutgeschrieben waren, an den Gesuchsteller zur Förderung deutscher Unternehmungen ausbezahlt wurden; ein Teil der Gelder wurde in die Schweiz verbracht, ein anderer Teil im Inland an Ausländer oder zugunsten von solchen an Inländer ausgehändigt. Das Landgericht verurteilte den Angeklagten wegen eines fortgesetzten Vergehens der Genehmigungserschleichung (DevVO. 1932 § 36 Nr. 7) in Tatmehrheit mit einem fortgesetzten Vergehen der Devisenausfuhr (DevVO. 1932 § 12) und einem fortgesetzten Vergehen der Abgabe von Devisen an Ausländer (DevVO. 1932 § 14). Die Revision des Angeklagten vertrat die Auffassung, daß das Vergehen gegen § 36 durch die Vergehen gegen § 12 und § 14 aufgezehrt worden sei, weil die Genehmigungserschleichung nur die Gefahr des Eintritts eines Erfolges vorbereitet und geschaffen habe, den der Täter von vornherein gewollt habe und der dann auch durch die anderen Vergehen verwirklicht worden sei. Das Reichsgericht trat dieser Auffassung nicht bei. Es entspricht allerdings dem Grundsatz hilfsweiser Geltung von Strafgesetzen, daß die Straftat, die eine Gefahrenlage begründet, durch jene, die den Erfolg selbst herbeiführt, aufgezehrt wird, wenn der Täter auf Grund eines einheitlichen Vorsatzes ohne Genehmigung zunächst dadurch, daß er eine Forderung einzieht, die zugunsten eines Ausländers durch Veräußerung von Wertpapieren entstanden ist, über die Forderung verfügt und dann die so für den Ausländer eingezogenen Gelder ihm oder zu seinen Gunsten auszahlt oder ins Ausland verbringt. Bei solcher Sachlage sind beide Handlungen Bestandteil desselben wirtschaftlichen Vorgangs, und die Gefahr, daß die Gelder ohne Genehmigung in die freie Verfügung des Ausländers gelangen, ist schon dadurch in greifbare Nähe gerückt, daß sich der Täter zum Zweck der Weitergabe an den Ausländer in den Besitz der Gelder setzt. Die Tat des § 36 Nr. 7 dagegen erschöpft sich darin und ist damit abgeschlossen, daß der Täter, um eine Genehmigung zu erschleichen, der Devisenstelle unrichtige Angaben tatsächlicher Art macht. Daß er mit ihnen Erfolg hat und daß die Genehmigung erteilt wird, gehört nach dem klaren Gesetzeswortlaut nicht zum Tatbestand. Durch die Erteilung der Genehmigung wurde auch nicht unmittelbar die Gefahr hervorgerufen, daß das Geld ins Ausland oder an Ausländer gelangte, weil die Genehmigung nur für einen bestimmten Zweck erteilt wurde. Die Strafdrohung wegen der Tat, welche die Gefahrenlage schafft, wird durch jene, die gegen die Verletzungstat gerichtet ist, auch nur dann aufgezehrt, wenn das geschützte Rechtsgut bei beiden dasselbe ist. Das war hier nicht der Fall; das staatliche Interesse an einem ordnungsmäßigen Verfahren vor der Devisenstelle ist ein anderes als jenes an Einhaltung von Verboten der Abgabe von Zahlungsmitteln an Ausländer oder der Verbringung von solchen ins Ausland. Die besondere Bestrafung der Genehmigungserschleichung war also durch den Grundsatz der hilfweisen Geltung nicht ausgeschlossen. Noch weniger konnten die Vergehen gegen die §§ 12 und 14 als straflose Nachtaten zu dem Vergehen gegen § 36 aufgefaßt werden. Sie enthielten neue und besondere Rechtsverletzungen und bildeten nicht die regelmäßige oder gar notwendige Form, um das Vergehen nach § 36 fortzusetzen. Wegen der Verschiedenheit der Handlungen, der verletzten Rechtsgüter und der verletzten Strafgesetze kam auch ein Fortsetzungszusammenhang zwischen den einzelnen Handlungen nicht in Frage. Gegen die Annahme von Tatmehrheit bestanden hiernach keine rechtlichen Bedenken. Das Landgericht hatte erklärt, daß die gleiche Strafe auch dann ausgesprochen worden wäre, wenn ein anderes rechtliches Verhältnis zwischen den einzelnen Straftaten angenommen worden wäre. Das wurde vom Reichsgericht beanstandet. Die Strafe muß dem Gesamtverhalten des Angeklagten entsprechen, wie es tatsächlich festgestellt und rechtlich beurteilt worden ist. Sie ist bei Tatmehrheit nach anderen Grundsätzen zu bestimmen als bei Gesetzeseinheit, Tateinheit, natürlicher Handlungseinheit oder Fortsetzungszusammenhang; sie wird daher bei der einen Art des Zusammentreffens nicht ohne weiteres in derselben Höhe als angemessen angesehen werden können, wie bei der anderen. In der Revision war ferner gerügt, daß ein besonders schwerer Fall angenommen worden war, ohne daß der Angeklagte auf diese Möglichkeit besonders hingewiesen worden war. Die Rüge war unbegründet. Es war weder ein anderes Strafgesetz angewendet worden, als im Eröffnungsbeschluß angeführt worden war, noch kamen vom Strafgesetz besonders vorgesehene Umstände in

Betracht, welche die Strafbarkeit erhöhten. Nach der Fassung des § 36 handelt es sich bei der Vorschrift für besonders schwere Fälle nicht um Umstände, die im Strafgesetz besonders vorgesehen sind; demgemäß war ein Hinweis auf die Möglichkeit der Annahme eines solchen Falles nicht notwendig. (II, 17. Dezember 1936.)

Amtl. Sammlg. S. 400—404.

Vgl. Bd. 59 S. 107; Bd. 67 S. 401; Bd. 68 S. 136, 148, 227, 315; Bd. 69 S. 49; Bd. 70 S. 357; JW. 1934 S. 1646; 1935 S. 1938, 2433, 3308; 1936 S. 1380, 1446, 3466.

Gesetzesregister.

137 Die klein gedruckten Ziffern verweisen auf die Nummern der Entsch.

Seitenzahlen der amtlichen Sammlung.

1 1—3; **2** 3—6; **3** 6—7; **4** 7—10; **5** 10—11; **6** 12—18;
7 18—20; **8** 20—26; **9** 26—31; **10** 32—33; **11** 33—36;
12 37; **13** 37—40; **14** 40—41; **15** 42—45; **16** 45—48;
17 48—51; **18** 51—53; **19** 53—58; **20** 58—64; **21** 65—71;
22 71—74; **23** 74—82; **24** 82—85; **25** 85—88; **26** 88—89;
27 90—92; **28** 92—94; **29** 94—100; **30** 100; **31** 100—103;
32 103—104; **33** 104—107; **34** 107—109; **35** 109—112;
36 113—126; **37** 127—128; **38** 129—130; **39** 130—134;
40 135—136; **41** 136—138; **42** 138—140; **43** 140—141;
44 141—142; **45** 142—144; **46** 145—151; **47** 151—158;
48 159—161; **49** 161—165; **50** 166—173; **51** 173—176;
52 176—177; **53** 177—186; **54** 186—192; **55** 193—197;
56 197—199; **57** 199—200; **58** 200—201; **59** 201—204;
60 205—209; **61** 210—212; **62** 212—214; **63** 214—215;
64 215—218; **65** 218—220; **66** 220—224; **67** 224—225;
68 225—228; **69** 229—233; **70** 233—234; **71** 234—237;
72 237—239; **73** 239—241; **74** 241—243; **75** 243—245;
76 245—251; **77** 251—255; **78** 255—256; **79** 257—260;
80 260—264; **81** 264—265; **82** 266—269; **83** 269—276;
84 277—281; **85** 281—282; **86** 282—285; **87** 286—289;
88 289—290; **89** 290—293; **90** 293—297; **91** 297—301;
92 301—304; **93** 304—311; **94** 312—313; **95** 313—316;
96 316—317; **97** 317—320; **98** 321—324; **99** 324—326;
100 326—329; **101** 329—332; **102** 332—334; **103** 334—336;
104 336—338; **105** 338—342; **106** 342—343; **107** 344—350;
108 350—352; **109** 353—355; **110** 355—356; **111** 356—357;
112 357—360; **113** 360—363; **114** 363—366; **115** 366—367;
116 367—375; **117** 375—377; **118** 377—385; **119** 385—390;
120 390—396; **121** 396—399; **122** 400—404.

Sachregister.